願いを叶える
シンプルで
効果的な儀式

キャンドル魔法
実践ガイド

Spells & Rituals for Every Purpose

Practical Candleburning Rituals

Raymond Buckland

レイモンド・バックランド 著

訳：塩野未佳

"Translated from"
PRACTICAL CANDLEBURNING RITUALS
Copyright © 1970, 1976, 1982, and 2004 Raymond Buckland

Published by Llewellyn Publications
Woodbury, MN 55125 USA www.llewellyn.com
through Japan UNI Agency, Inc., Tokyo

CONTENTS

- 第3版への序文 ………………………………………… 7
- はじめに ………………………………………………… 10
- 儀式をはじめる前に …………………………………… 12

第1部
古代宗教の影響が残る儀式

- ◆ 浮気 —— 不倫関係を終わらせるには ……………… 22
- ◆ お守り —— お守りや護符の聖別 …………………… 26
- ◆ 悪習 —— 悪習を断つには …………………………… 29
- ◆ 不和 —— 家庭内のもめ事を解決するには ………… 33
- ◆ 死 —— 亡き人のために ……………………………… 36
- ◆ 夢 —— 夢を誘うには ………………………………… 39
- ◆ 敵 —— 圧力をかけて敵を追い込むには …………… 42
- ◆ 邪心 —— 邪悪な心から身を守るには ……………… 46
- ◆ 恐怖 —— 恐怖に打ち勝つには ……………………… 50
- ◆ 幸福 —— 幸福を勝ち取る、または持続させるには … 53
- ◆ 癒し —— 不幸せな結婚生活を修復するには ……… 56
- ◆ 健康 —— 健康を取り戻す(または保つ)には ……… 59
- ◆ 嫉妬 —— 嫉妬心をかき立てるには ………………… 62
- ◆ 愛情 —— 異性の愛情を勝ち取るには ……………… 65
- ◆ 幸運 —— ひとの運勢を変えるには ………………… 68
- ◆ 瞑想 —— 瞑想するには ……………………………… 72

- ◆ お金 —— お金を手に入れるには ……………………………… 74
- ◆ 神経過敏 —— イライラを鎮め、落ち着かせるには ………… 77
- ◆ 権力 —— ひとを支配する権力を獲得するには ……………… 80
- ◆ パワーアップ —— あなたのパワーを高めるには …………… 84
- ◆ 繁栄 —— 繁栄を手にするには ………………………………… 87
- ◆ 清め —— 身を清めるには ……………………………………… 90
- ◆ 水晶占い —— 水晶占いをするには …………………………… 93
- ◆ 中傷 —— 悪口をやめさせるには ……………………………… 96
- ◆ 成功 —— 成功を手に入れるには ……………………………… 99
- ◆ 真実 —— 真実を知るには …………………………………… 104
- ◆ アンクロッシング —— ひとの呪いを解くには …………… 107
- ◆ 理解 —— 理解を深めるには ………………………………… 111

第2部 キリスト教化された儀式

- ◆ 浮気 —— 不倫関係を終わらせるには ……………………… 114
- ◆ お守り —— お守りや護符の聖別 …………………………… 117
- ◆ 悪習 —— 悪習を断つには …………………………………… 120
- ◆ 不和 —— 家庭内のもめ事を解決するには ………………… 122
- ◆ 死 —— 亡き人のために ……………………………………… 124
- ◆ 夢 —— 夢を誘うには ………………………………………… 127
- ◆ 敵 —— 圧力をかけて敵を追い込むには …………………… 129
- ◆ 邪心 —— 邪悪な心から身を守るには ……………………… 132
- ◆ 恐怖 —— 恐怖に打ち勝つには ……………………………… 134
- ◆ 幸福 —— 幸福を勝ち取る、または持続させるには ……… 138

- ◆ 癒し ── 不幸せな結婚生活を修復するには ……………… 140
- ◆ 健康 ── 健康を取り戻す（または保つ）には ……………… 143
- ◆ 嫉妬 ── 嫉妬心をかき立てるには ……………………… 145
- ◆ 愛情 ── 異性の愛情を勝ち取るには ……………………… 147
- ◆ 幸運 ── ひとの運勢を変えるには ……………………… 152
- ◆ 瞑想 ── 瞑想するには …………………………………… 155
- ◆ お金 ── お金を手に入れるには ………………………… 157
- ◆ 神経過敏 ── イライラを鎮め、落ち着かせるには ……… 160
- ◆ 権力 ── ひとを支配する権力を獲得するには …………… 165
- ◆ パワーアップ ── あなたのパワーを高めるには ………… 167
- ◆ 繁栄 ── 繁栄を手にするには …………………………… 170
- ◆ 清め ── 身を清めるには ………………………………… 173
- ◆ 水晶占い ── 水晶占いをするには ……………………… 176
- ◆ 中傷 ── 悪口をやめさせるには ………………………… 179
- ◆ 成功 ── 成功を手に入れるには ………………………… 181
- ◆ 真実 ── 真実を知るには ………………………………… 184
- ◆ アンクロッシング ── ひとの呪いを解くには ………… 186
- ◆ 理解 ── 理解を深めるには ……………………………… 189

附章Ⅰ	黒魔術のはなし …………………	**191**
附章Ⅱ	創造的視覚化について …………………	**196**

著者について

レイモンド・バックランドは1962年にイングランドからアメリカに移住。過去30年の間に、フィクションとノンフィクションを含め、30点以上の著作をAce Books、Warner Books、Prentice Hall、Samuel Weiser、Inner Traditions International、Galde Press、Citadel、Visible Ink Press、Llewellyn Worldwide, Ltd.などの出版社から出版しており、発行部数は累積で100万部を突破。翻訳も16の言語に及んでいる。ほかにも新聞や雑誌の記事、5本の脚本を執筆している。また、ビジョナリーリテイラー連合ビジョナリー大賞（Coalition of Visionary Retailer's Visionary Award）を二度受賞。

オカルトや超自然世界の第一人者だとされているバックランドは、アメリカ全土の大学や専門学校で講義を行っており、ニューヨーク・タイムズ、ロサンゼルス・タイムズ、ニューヨーク・デイリー（およびサンデー）ニューズなど、新聞や雑誌の記事にも取り上げられている。

また、「ザ・ディック・カベット・ショー」「ザ・トゥモロー・ショー・ウイズ・トム・スナイダー」「ノット・フォー・ウィメン・オンリー」（バーバラ・ウォルターズと共演）など、ラジオやテレビのトーク番組にも出演しているほか、ニューヨーク州立大学やホフストラ大学など、複数の大学の講座でも教鞭を執っている。現在はオハイオ州中北部にある小さな農場で暮らしている。

Llewellyn社の著者の多くがウエブサイトを持っており、そこに追加情報や資料を掲載している。詳細は当社のウエブサイトwww.llewellyn.comを参照。

第3版への序文

　本書は「オカルトの古典」といわれています。10年以上にわたり大衆本として人気を博し、スペイン語版も出版されました。版を重ねたのはこれで二度目ですが、できれば今後もさらに読み継がれていってほしいと願っています。

　では、なぜ本書はそれほど好評をいただいているのでしょう？ わたしはその「リアリティ」にあると考えています。本書はシンプルで実践的な儀式を集めたもので、高等魔術の世界に関する神秘的な奥義書などとはまったく違います。ここで紹介する儀式は、「一般の人々」による「一般の人々」のためのものなのです。

　本書に登場する儀式は、世界中から集めたものです。比較的新しいものもあれば、何百年もむかしから行われているものもありますが、どれも人間の営みのさまざまな側面を、「一般の人々」がいつの時代にも――良い時代であれ悪い時代であれ――感じていた基本的な欲求の多くを浮き彫りにしています。

　また、ここではおそらく魔法の倫理に関する注意喚起の言葉も添えておいたほうがいいでしょう。ウイッチクラフトには、「何人にも害を与えないかぎり、あなたが欲することをせよ」という掟があります。「何人にも……」とありますが、「何人」という言葉にはもちろん、あなた自身も含まれています。他者に害を与えてはならないだけでなく、自分自身に害を与えるようなことも一切してはならない、ということです。これはウイッチクラフトの本ではなく、魔法を使うための本です。何が違うのか、ですって？　基本的に、ウイッチクラフトは信仰ですが[1]、魔法は実践です。言い換えると、魔

1　レイモンド・バックランド著 "Witchcraft from the Inside"（ルウェリン・パブリケーションズ刊、1971 年）を参照。

法はだれにでもできるものだということです。したがって、魔法とは、自分の個人的な倫理観に従って、良いことのために、または病気を治すために使うものなのです。

　これはウイッチクラフトの本ではありませんので、そこには載っていない儀式もいくつか紹介しています──「嫉妬心をかき立てるには」「不倫関係を終わらせるには」「異性の愛情を勝ち取るには」など。愛情を勝ち取る……？　そう、確かに当たり障りのなさそうな儀式ですが、ちょっと考えてみてください。あなたに対する他者の気持ちを左右しようというとき、もしかしたらその人の自由意志を妨げてはいないでしょうか？　あなたの自由意志をだれかが妨げてくれればいいのに、なんて思ってはいないでしょうか？
　たとえ歴史的関心以外に何の理由がなくても、ウイッチクラフトの本に載っているすべての儀式をここで紹介するべきでしたが、先の言葉を胸に、くれぐれも自分に合った儀式を選んでくださるようお願いします。また、覚えておいてほしいのは、自分の願ったものが手に入るのだということ……、つまり、願い事をする前に、自分は本当にそれを望んでいるのだ、ということをしっかり確認しておくことです！　この点については、本書の「附章」でさらに詳しく取り上げます。創造的視覚化（クリエイティブ・ビジュアライゼーション）というエキサイティングなテーマについて触れています。
　それぞれの儀式を紹介したページ──おそらく最も重要なページですが──は、「実践」の部分です。ここで紹介する儀式はどれも実際に役に立つものばかりです。過去10年以上にわたり、わたしのもとには儀式を行って成功したという人から手紙が届いています。皆さん、どの儀式もとても簡単にできることを称賛してくださっています。特別な道具もいらず、指示どおりにやったら効果があったというのです！　必要なのは、数本のキャンドルと願いをかなえた

いという「思い」だけ。あとはもう簡単です。自分だけのリアリティをつくり出し、キャンドルをうまく扱うことで、最も正確な形でそれを実現することができるのです。「儀式をはじめる前に」の章をよくお読みください。この章はとても重要です。一見難しそうにみえるかもしれませんが、実はシンプルです。そう、それほど込み入ったものではありませんが、重要なポイントは押さえておかなければなりません。よく読んでから、それに従ってやってみましょう。

　新たな増補改訂版『キャンドル魔法 実践ガイド ——願いを叶えるシンプルで効果的な儀式』を楽しんで読んでいただければ幸いです。輝かしい神の恵みがありますように。

1982年、バージニア州にて
レイモンド・バックランド

はじめに

　超自然的な力(オカルト)に救いを求める人が最近どんどん増えています。タロットカードやその解釈論が日常会話のテーマになることもよくあります。ウィジャ盤を使ったゲーム〔訳注：ウィジャ盤とは、降霊術や心霊術などに用いる文字盤のことで、コックリさんの源流ともいわれます。ウィジャとは、フランス語とドイツ語の「はい」—oui（ウィ）とja（ジャ）—から来ています。19世紀から20世紀にかけて西洋で大流行〕で盛り上がるパーティーも、第二次世界大戦前よりも増えています。出生占星図を作成することなど、もはや朝飯前。これまでは「一風変わった」信条、風習だとみなされていたものがこうして容認されるようになったのは、ライン博士によるESPに関する実験と証明〔訳注：J. B. ライン教授の実験と証明を指します。C. M. ブリストル著『信念の魔術—人生を思いどおりに生きる思考の原則』（ダイヤモンド社）を参照〕、オットー・ラーン教授による人体が発する「パワー」の証明〔訳注：『バックランドのウイッチクラフト完全ガイド』（パンローリング）、「レッスン1」を参照〕、それともアイゼンバッド博士による精神が物質を支配することの証明、その他類似の実験や証明によるところが大きいのでしょうか。それは何ともいえません。ただ、波乱に富んだ人類の歴史上、現代ほどさまざまな魔術が信じられ、実践されている時代はないことだけは確かです。

　共感呪術は、類は友を呼ぶという原則の上に成り立っています。ろう人形や人型をした粘土の模型をつくってみましょう。そして、決められたやり方に従って力を尽くせば、あなたがその人形に対して行うことはすべて、間違いなくその人自身の身に跳ね返ってきます。古代人がそのことに初めて気づいたのは、今から2万5000年も前の旧石器時代です。当時は狩りでうまく獲物が獲れますようにと、

粘土で野牛をこしらえてはその野牛に「襲いかかり」、そして「仕留めていた」ようです。古代人は、野に出ていってホンモノの野牛を殺せるだけの力はないと感じていたからです。今日では多くの人が、キャンドルを使えば同じような魔法が使えることに気づいています——野牛を追うためではなく、現代を生きるうえで直面する多くの問題を解決するために。いろんな種類のキャンドルに火をともし、それをいろんなやり方で巧みにコントロールすれば、他者や物事を操ることができるのだ、ということに気づいているのです。

　本書では、キャンドルを使った魔法を実践する方法を紹介します——願いをかなえるためにはどんなキャンドルがいいのか、いつ火をともせばいいのか、またどんなふうにキャンドルを「操れば」いいのかなど。本書では、この魔法の歴史的側面にはほとんど触れていません。あくまでも実用面にこだわっています。魔法を「実践できる」ようになりたい人のための本なのです。すぐに手に入るちょっとした道具さえあれば、シンプルだけれど効果的な儀式を、自宅でしっかりと行うことができるのです。

　　　　　　　　　　　　　　　　レイモンド・バックランド

儀式をはじめる前に

儀式を行う部屋

　どんなにシンプルな儀式でも、儀式をはじめる前の準備がとても重要です。キャンドルに火をともす場合、まずはその「場所」を決めることです。キャンドルにともした火が長い間消えないところがいいでしょう。儀式の多くは何日にもわたって行われ、その間ずっとキャンドルを動かしてはならないからです。火事になる危険がない場所であることも大切です。一見したところ害がなさそうなキャンドルでも、カーテンのそばで火をともしたりすると、大きな火災の原因になることもありますからね！

　テレビの音や音楽が聞こえない静かな部屋を選びましょう。自宅の裏庭など、人や車が行き来する音が聞こえないところがいいでしょう。何かの邪魔が入るのでは、という心配をせずに儀式を行うことができる部屋が必要です。地下室とか屋根裏部屋が理想的ですね。

祭壇

　祭壇として使えるものが必要です。テーブル、チェスト、箱、何でもいいでしょう——床そのものを使ってもかまいません。ちゃんとした使い方をすれば問題ないですよね？　この程度の美意識に文句を言う人などいませんから。小さくて低いコーヒーテーブルが理想的です——できれば長さ75センチ×幅60センチぐらいのもの。トランプ用のテーブルでもいいでしょう。もしご希望であれば、テーブルをクロスで覆ってもかまいません。白いクロスがいいでしょう。たくさんのキャンドルホルダーも必要です。どんなタイプのものでも、どんな素材のものでもかまいませんが、なるべく小さめのもの

を選ぶようにしてください。一度に何本ものキャンドルを使っているときでも祭壇をガラクタ置き場のようにしないためです。また、これも重要なことですが、２本以上のキャンドルを互いに近づけて立てることもあるからです。大きなキャンドルホルダーだと、キャンドルを近づけて立てることができませんので、なるべく小さめで、あまりゴテゴテしていないものを選びましょう。

お香（インセンス）

　キャンドルを使った儀式との関連でお香が語られることはめったにありませんが、お香はとても大切です。お香は儀式の間、ずっとたいていなければならないからです。お香は集中するときに大きな力になってくれます——儀式の準備段階に必要な正しい心の安らぎが得られます。もちろん、お香については、立ち上る煙が祈りを神様のもとに届けてくれるといった、お香そのものに対する信仰もあります。実際にはどんなお香でもかまいません——100円ショップで売っているコーン型のものでも、特別にブレンドされ、真っ赤に燃えた炭の上に振りかけるタイプのものでもかまいませんが、コーン型のものが一番使いやすそうですね。さまざまなお香が手に入りますが、中国製よりはインド製のほうがいいでしょう。中国製のお香は甘い香りが強すぎるような気がします。

　本書で取り上げる儀式で特定のお香が必要な場合には、そのように記載しています。特定のお香についての記載がなければ、どんなタイプのお香を使ってもかまわないということです。ただし、もし特定のお香が手に入らないときには、手に入るものを使って儀式を行ってかまいません。「お香は、ないよりはあったほうがまし」というのが一般的な考え方です。

　シンプルだけれど効果的なつり香炉は、浅いお皿や灰皿、コップに砂をいっぱい入れればつくることができます。その砂の上にコー

ン型のお香を立てます。砂が熱を吸収してくれますので、お皿が割れたりしませんし、祭壇が焼けるように熱くなることもありません。

儀式を行う人
　儀式を行う前に、断食やきついダイエットをしたりする必要はありません。お腹が満たされているときのほうが、はるかに自分の行動に集中することができます。ただ、儀式を行う前にはふつう、象徴的なお清め、つまり沐浴をします。水風呂に塩をひとつまみ加えます。水は心地良い程度の温度にしましょう——苦行をするときのように冷たくする必要はありませんよ。そしてそのお風呂に入り、身体全体に水をかけるだけでいいのです。石鹸で身体を洗う必要はありません。

キャンドル
　キャンドルはどんな種類のものでもかまいません。大切なのは色です。かつては、火をともすなら植物油かパラフィンでできたキャンドルだけにするように、と注意喚起されていたこともありました。ましてや動物油でできたキャンドルに火をともすなど、もってのほかでした。今日でも同じことがいえますが、もし忘れてしまっても大丈夫です。もし万が一、動物油でできたキャンドルがあったとしても、ごく少数ですし、あくまでも大切なのはその色なのですから。

　キャンドルを使った儀式をはじめる前の一番大切な準備は、キャンドルそのものを準備することです。使う前に「仕上げ」をします。また、効果を最大限に発揮させるには、儀式を行う人自身が仕上げをすることです。仕上げにはオイルを使います。いろんな種類のキャンドル用オイルが売られていますが、選択肢はあまりありません。なかには色つきで、同じ色のキャンドルにしか使えないオイルもあります。もちろん色のついていないオイルは安く買えますので、

どんなキャンドルにも使えます。キャンドル用のオイルが手に入らないときには、ふつうのオリーブオイルを使うといいでしょう。

　キャンドルを仕上げるには、まずキャンドルにオイルを塗り、それをキャンドルの真ん中から端のほうにこすりつけます（下のイラストを参照）。かならず同じ方向にこすりつけましょう——真ん中から一方の端に向かって、続いてまた真ん中からもう一方の端に向かって。キャンドルを仕上げながら、身近なテーマや問題、または疑問に思っていることを一心に考えます——集中します（18ページの「相手の特定」を参照）。儀式には4種類のキャンドル——祭壇用キャンドル、奉納用キャンドル、アストラルキャンドル〔訳注：星座によって色分けされているキャンドル〕、そしてデイキャンドル——を使います。

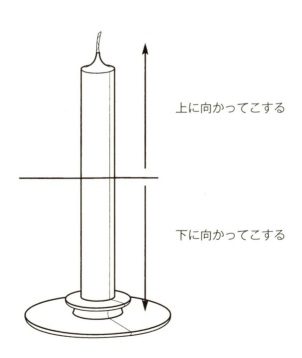

上に向かってこする

下に向かってこする

祭壇用キャンドル——背が高くて白い2本のキャンドルで、つねに祭壇の上に置かれるもの。祭壇の両端に離して置き、かならずどのキャンドルよりも先に火をともします。

奉納用キャンドル——行う作業によって、それを象徴するさまざまな色（20ページの表3を参照）で塗られたキャンドルです。

アストラルキャンドル——祈願者や儀式の対象者をあらわし、その人の誕生日によって選びます（20ページの表1を参照）。基本カラーのキャンドルを使ってもいいですし、それ以外の補足カラーとの2色使いのキャンドルを買ってもいいでしょう。

デイキャンドル——どのような儀式にも使えますが、儀式を行う曜日によって色が異なります（20ページの表2を参照）。祭壇の前方の右側に置きます。

儀式

　儀式は、いつもとほとんど同じ条件に、いつもとは少し異なる要素を1つ、2つ加えて行います。儀式には一般に2つの流儀があります。1つは、キリスト教化された慣習的なもので、キャンドルを使った儀式を取り上げた数少ない書物(現在入手可能なもの)に載っている儀式を簡略化したもの。もう1つは、より広く行われている伝統的な儀式です。これは著者がヨーロッパ全土のさまざまな書物から集めたものですが、初期キリスト教以前の自然崇拝——ご存じのとおり、古代宗教——の影響が残っているようです。

　どちらの儀式を選んでも効果は同じですが、最もその儀式に合った効果的な言葉というのは、心の底から自然とあふれ出てくる言葉なのかもしれません。ただ、だれもが自分の気持ちとぴったり合っ

た適切な言葉を、適切なタイミングで発することができるわけではありませんよね——だから本書で儀式を紹介しているのです。儀式を暗記する必要はありません。本書を拾い読みすればいいのです。間違えたって大丈夫！　ちょっとしたミスやへま、言い間違いをしたぐらいで、儀式の効果が台無しになるなんてことはありません。なぜなら、大切なのは、心のなかにある目的だからです。

服装

　この儀式には、ゴテゴテと凝った装飾を施した礼服などはいりません。そのような装飾でないと満足できないという場合は別ですが。古代宗教を信奉する人は、自由の象徴として、一糸まとわぬ姿で儀式を行います。最近ではほとんどの人が日常的に身に着ける普段着で儀式に臨みます。でも、儀式なのだから「何か特別なものが必要」だと思い、真っ白でシンプルな服装（ローブ）を身にまとったり、派手な色のシルクの衣服（ガーメント）を身に着け、秘儀的なシンボルでゴテゴテと飾り立てたりする人もいます。もしそういう「小道具」を使えば儀式がより効果的なものになると思うなら、どうぞその小道具により多くのパワーを注ぎ込んでください！　けっして強制ではありませんけどね。

祭壇に置く彫像

　儀式には必要ないのですが、多くの人は祭壇の上をきれいにレイアウトする際に宗教上の人物の彫像や絵画を置きたがります。イエス・キリストの十字架像、アンク（エジプト十字架）、イエスの彫像、マリアの彫像、古代ギリシャ・ローマ神話のビーナス像なら、まったく問題はありません。彫像や写真は祭壇の奥のほうの真ん中に置き、そのすぐ前につり香炉を置きましょう。

キャンドルの点火／消火

　まずはテーパー〔訳注：キャンドルやガス灯などに点火するのに用いる細長いろう引き灯心〕に点火し、そのテーパーから本書に示す順番で祭壇の上のキャンドルに火をともすのがベストです。儀式が終わったら、キャンドルの炎を吹き消すか——点火したときとは逆の順番で——、キャップ型のろうそく消しでふたをするようにして火を消しましょう。指先で炎をもみ消したりしてはいけません。

儀式を行う時間

　ほとんどの儀式は、行う日にち（曜日）、または日数が決められています。時間については、特定の時刻が記載されていなければ、何時でもかまいません。早朝でも日中でも深夜でも、あなたが最もやりやすい時間に行えば十分です。でも、何らかの邪魔が入って中断するようなことがない時間を選びましょう。

相手の特定

　実際には仕上げをしていないキャンドルを使うこともできますが、仕上げをしたほうがはるかに効果的です。20ページの表1は、誕生日にふさわしい色を示しています——しかし、肝心の相手の誕生日を知らなかったらどうすればいいのでしょう？　その場合は、まだ色のついていないシンプルな白色のキャンドルを使って、仕上げをしながらその人のことに意識を集中させます。

儀式をはじめる前に一言

　儀式は、単に言葉を唱えることではありません。儀式それ自体に意味があります。これから紹介する儀式のうち、どれを最初に行ってもかまいませんが、静かに座って必ず最後まで唱えましょう。唱える言葉の意味をよく考えましょう。こうして、ただ「オウム返し

に」繰り返すのではなく、あなた自身の言葉で、つまり心の底からあふれ出る言葉で唱えるという理想に近づけていきます。

　本書で取り上げる２つの流儀の儀式のうち、多くの人が好んで選ぶのが古代宗教の影響が残っているもの、すなわちキリスト教化されていないものです。理由は簡単です。文言が儀式の目的にマッチしているからです。キリスト教化された慣習的な儀式には旧約聖書の詩篇がよく用いられますが、その文言は儀式とは何ら関係はなさそうです。しかし、どちらの流儀を選んでも、多くの人たちが大成功をおさめています。

　まずは本書の２つの流儀を読みくらべてみてください。それから「あなた」が心地よいと感じたほうを使えばいいのです。そこで何よりも大切なのは、自分で使っている言葉に納得し、心地よさを感じることです。

　本書は２部仕立てになっています。第１部では古代宗教の影響が残る儀式を、第２部ではキリスト教化された儀式を取り上げます。どちらでもお好きなほうを選んでください。両方をうまく組み合わせてもけっこうです。

表1 アストラルカラー

黄道十二宮	誕生日	基本カラー	補足カラー
みずがめ座	1月20日～2月18日	青	緑
うお座	2月19日～3月20日	白	緑
おひつじ座	3月21日～4月19日	白	ピンク
おうし座	4月20日～5月20日	赤	黄
ふたご座	5月21日～6月21日	赤	青
かに座	6月22日～7月22日	緑	茶
しし座	7月23日～8月22日	赤	緑
おとめ座	8月23日～9月22日	金	黒
てんびん座	9月23日～10月22日	黒	青
さそり座	10月23日～11月21日	茶	黒
いて座	11月22日～12月21日	金	赤
やぎ座	12月22日～1月19日	赤	茶

表2 曜日の色

日曜日	黄
月曜日	白
火曜日	赤
水曜日	紫
木曜日	青
金曜日	緑
土曜日	黒

表3 色が象徴するもの

白	純粋、真実、誠実
赤	力強さ、健康、活力、性愛
薄青	静寂、理解、忍耐、健康
紺青	衝動性、意気消沈、移り気な性質
緑	資金繰り、多産、幸運
金／黄	誘引力、説得力、魅力、信頼
茶	ためらい、疑心暗鬼、中立性
ピンク	名誉、愛情、道徳性
黒	害悪、損失、不和、混乱
紫	緊張、勇気、事業の進展、権力
銀／灰	解除、中立性、手詰まり
オレンジ	激励、順応性、刺激、誘引力
黄緑	病気、臆病、怒り、嫉妬、不和

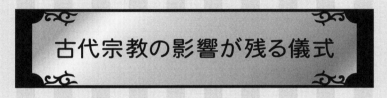

Old Religion Rituals

浮気
AFFAIR

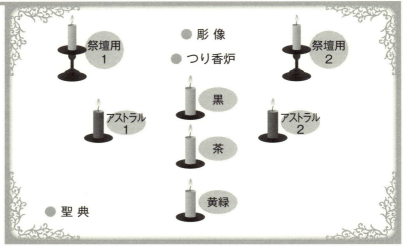

不倫関係を終わらせるには

　祭壇用キャンドル1と2に火をともします。
　お香をたき、しばらくの間座って、「現状のまま」の不倫関係に思いをはせます。
　アストラルキャンドル1（不倫関係にある男性のほうのアストラルキャンドル）に火をともし、その男性を心に思い描きます。そしてこう唱えます。

　　ここに一組の男女の片割れの男がいる
　　男は二対の一方だが　もうすぐ独りになる

　アストラルキャンドル2（不倫関係にある女性のほうのアストラルキャンドル）に火をともし、その女性を心に思い描きます。そし

てこう唱えます。

　　ここに女──一組の男女の片割れの女──がいるが
　　女はもうすぐ独りになる

黒色のキャンドルに火をともし、こう唱えます。

　　ここが不和の出発点　ここで混乱に火がついたのだ

茶色いキャンドルに火をともし、こう唱えます。

　　彼らの心は疑心暗鬼でいっぱいだ
　　彼らはためらう
　　彼らは互いに自分がふさわしいと思っているのか？
　　一緒にいるべきなのか？
　　……彼らの心は疑念でいっぱいだ

黄緑色のキャンドルに火をともし、こう唱えます。

　　ほら　嫉妬が見える！
　　ほら　仲たがいが見える！
　　ほら　心配が見える　疑いが見える
　　怒りが見える　恐れが見える
　　きっと見えてくるはずだ

　今度はこの２人が別れることを考えてみます。情事が終わったことを考えてみます。２人が別々の道を歩んでいくことを想像します。こう唱えます。

あれほど魅力的だったのに
　　今では色あせてしまった
　　あれほど楽しかったのに
　　今では退屈している
　　あれほどきれいだったのに
　　今では汚れてしまった
　　あれほど賢かったのに
　　今では鈍感になってしまった
　　あれほど親しかったのに
　　今ではけなし合っている
　　あれほど生き生きしていたのに
　　抜け殻のようになってしまった
　　もう2人の間に燃え上った愛はない
　　もうほとばしる情熱の炎はない
　　もうあこがれや切なる思いはない
　　もう2人がひとつになることはない
　　2人の愛は味気ない
　　愛の炎は消えてしまった
　　あこがれは失せ
　　2人は別れ別れになる

　もう一度、しばらくの間、不倫関係が完全に終わったことを考えます。2人が別れたことを考えます。そしてこう唱えます。

　　スミレは死んだ　色あせたリボン
　　ほこりまみれの巻き毛
　　半音ずれた話し声　遠いむかしの心痛の
　　忘れ去られた記憶のかけら

わたしは炉端に寂しくひざまずき
　さあ　これから暖炉に記憶のかけらを投げ入れよう
　もうパチパチと音を立てて燃えている　その残骸が
　わたしの喜びと不幸な運命の残骸が

　恋人たちは誓う　気まぐれで偽りの誓いは
　煙突の上高く　さっと立ち上る
　すると　わたしが心に描く小さな神が
　目には見えないが　含み笑いをしながら立っている！

　わたしはまだ炉端に座っている
　夢を見ながら――何の夢かは言えないが
　灰のなかできらめく火花が消えていくのを
　見つめながら
　おやすみなさい！　さようなら！

　キャンドルの火を消します。この儀式は毎週土曜日の夜に繰り返し行いますが、そのたびに２本のアストラルキャンドルを２～３センチずつ離していきます。儀式は、キャンドルがそれぞれ祭壇の両端に来るまで繰り返します。

お守り
AMULET

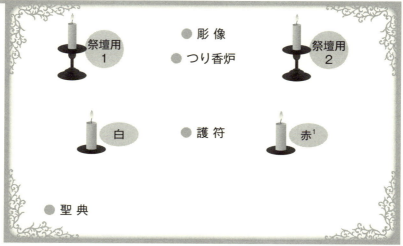

お守りや護符の聖別

　この儀式の目的は、護符（タリスマン）、お守り（アミュレット）、または「開運のお守り（グッドラックチャーム）」を聖別することです。護符はだれかがあなたのためにつくる場合もあれば、あなた自身がつくる場合もあります。どちらかと言えば、あなた自身がつくったもののほうがいいですね。
　祭壇用キャンドル1と2に火をともします。
　お香をたきます（フランキンセンスがおススメです）。
　白色のキャンドルに火をともし、こう唱えます。

　　ここに……（祈願者の名前）の誠実さが燃えている
　　護符にはパワーが宿ると信じる彼／彼女の思いが燃えている
　　この炎と同じぐらい強く
　　けっして朽ちることはない

赤色[1]のキャンドルに火をともし、こう唱えます。

　　ここで愛[1]が　護符のなかに流れ込む
　　なぜなら　護符が愛のパワーを
　　たくわえる場所だから

　護符を手に取り、端っこを持って白色のキャンドルの炎に３回くぐらせたら、護符の両面が炎に触れるように、裏返しにして同じように炎にくぐらせます（くれぐれも手にやけどをしないように！）。そうしたら、こう唱えます。

　　ありとあらゆる汚れが宿る護符
　　そんな護符を炎で清めよう

　次に護符をお香の煙に３回くぐらせ、こう唱えます。

　　そして神の御力(みちから)を借り
　　わたしは香をたき　護符を清め　目標に備えよう

　今度は護符を手にとって、右手でしっかりとつかみ（左利きの人は左手で）、こう唱えます。

　　この護符に　わたしは愛を吹き込もう
　　だれが身に着けようと　おそれ多きパワーを感じるように
　　パワーはつねに身に着ける者とともにある

1　このキャンドルの色と目的は、愛情の場合は赤、健康の場合は青、多産の場合は緑というように、護符の目的によって違ってきます。

その者が身に着けているかぎり

　次に護符を赤色のキャンドルの炎に３回くぐらせ、こう唱えます。

　　ここにその愛がある
　　護符のなかですっかり清められた愛がある

　護符を白色のキャンドルと赤色のキャンドルの間に寝かせ、キャンドルの火を消します。
　護符には触れず、そのまま３時間ほど待ちます。その後、持ち主が持っていくか、身に着けるかします。肌に直接触れるようにして身に着けるのがいいでしょう。

悪習
BAD HABIT

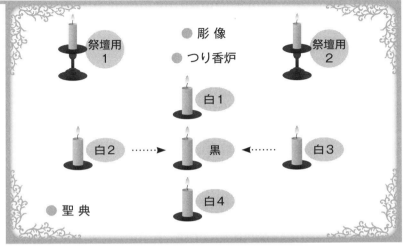

悪習を断つには

　祭壇用キャンドル1と2に火をともします。
　お香（できればフランキンセンスのお香）をたき、しばらくの間座って、悪習がゆっくりと消えてなくなり、運よく断ち切れていることを想像します。
　黒色のキャンドルに火をともし、こう唱えます。

　　どうしても打ち明けられないことがある
　　わたしにとっては良くないこと　自分でもよく分かっている
　　それはとてつもなく大きくて
　　断ち切ることなど　できやしない
　　でも　それではいけない　自分でもよく分かっている
　　きっと断ち切ってみせる

白色のキャンドル1、2、3、4に火をともし、こう唱えます。

　　ここにわたしの強さがある
　　ここにわたしの勇気がある
　　ここにわたしの芯の強さがある
　　ここにわたしの勝利がある
　　今度はわたしが敵を取り囲む
　　敵はもう逃げられない
　　戦いの火ぶたは切って落とされた
　　勝ち負けは周知のとおり

　前進する力、敵、すなわち悪習に立ち向かっていく力を心のなかにイメージします。この状態をしばらく続けたら、静かにこう唱えます。

　　曇ったたそがれ時に輝く星よ
　　どこできらめいているの？
　　過ぎし日には
　　晩に沈んでいたのに
　「騎士や男爵の広間
　　塔ややぐらの
　　向こうのほうで
　　高い木や森　緑の茂みや木の陰の
　　向こうのほうで」

　　銀色の夕べに輝く星よ
　　何に気を留めているの？
　　塔や高い木の向こうで

身を浮かせながら
「青い羽根とそろいの帽子
　格子縞がふわりと跳ねて
　茶色のシカの隠れ家に
　かすかにきらめく一筋の光に」

　　乙女の夢に輝く星よ
　たそがれの星よ
　どこでまばたきしているの？
　フクロウはいつ眠っているの？
「男爵の広間の
　緑に苔むすところで
　森の終わりの向こう
　灰色のしずくが落ちるところで」

　　しーんと静まり返った星よ
　今は何を待っているの？
　寂しい丘からは
　そっと目を閉じているようにみえたのに？
「暖炉が風に吹かれて色あせて
　地上の屋根もくすぶって
　ヒツジも茶色いシカの隠れ家に
　木々も倒れ　朽ちていくのを」

　さらに数分間、とうとう悪習を克服できているイメージを心のなかに描いたら、キャンドルの火を消します——最初に黒色を、次に白４、白３、白２、白１の順番で消していきます。
　この儀式は、７日後の同じ時間に繰り返し行いますが、儀式の最

初に白色のキャンドル2と3を2〜3センチずつ、黒色のキャンドルのほうへ近づけます。白色のキャンドル2本が黒色のキャンドルにくっつくまで、毎週この儀式を繰り返します。

不 和
CONDITIONS

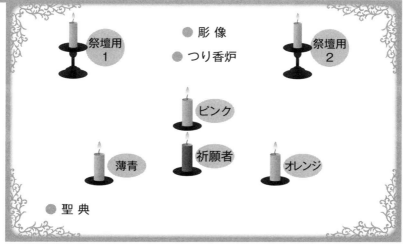

家庭内のもめ事を解決するには

　祭壇用キャンドル1と2に火をともします。
　しばらく座って瞑想し、自分が達成したいと思っていることをはっきりとイメージします。
　祈願者のキャンドルに火をともし、祈願者のことを一心に考え、こう唱えます。

　　このキャンドルは……（名前）をあらわす
　　この炎が燃えるにつれ　彼／彼女の魂も燃えていく

　薄青色のキャンドル、ピンク色のキャンドル、オレンジ色のキャンドルの順番で火をともし、問題の家庭のなかでの和解や落ち着きについて、また理解や愛情について考えます。そしてこう唱えます。

ここで……（名前）の幸せが燃えている
　　それは彼／彼女の家のなか　それは彼／彼女のすべて
　　家庭には静けさがある
　　和解と愛情があふれ　彼／彼女とともにいる
　　真実の幸せとは何かが今こそ分かったから
　　理解と愛情がそこにはあふれ
　　不和や混沌は逃避した
　　何があろうと　忍耐強さや愛情は
　　大きく育ち実を結び　疑念や苦悩の
　　野原は荒れ果てる
　　幸せとは熱く燃える光
　　暗闇をすっかり消し去る光
　　家庭は和解　和解は家庭

　続いて３〜５分の間座って、家庭内のもめ事を解決することに考えを集中させます。そして再びこう唱えます。

　　ここで……（名前）の幸せが燃えている
　　それは彼／彼女の家のなか　それは彼／彼女のすべて
　　家庭には静けさがある
　　和解と愛情があふれ　彼／彼女とともにいる
　　真実の幸せとは何かが今こそ分かったから
　　理解と愛情がそこにはあふれ
　　不和や混沌は逃避した
　　何があろうと　忍耐強さや愛情は
　　大きく育ち実を結び　疑念や苦悩の
　　野原は荒れ果てる
　　幸せとは熱く燃える光

暗闇をすっかり消し去る光
　　家庭は和解　和解は家庭

　続いて３〜５分の間座って、家庭内のもめ事を解決することに考えを集中させます。そしてもう一度こう唱えます。

　　ここで……（名前）の幸せが燃えている
　　それは彼／彼女の家のなか　それは彼／彼女のすべて
　　家庭には静けさがある
　　和解と愛情があふれ　彼／彼女とともにいる
　　真実の幸せとは何かが今こそ分かったから
　　理解と愛情がそこにはあふれ
　　不和や混沌は逃避した
　　何があろうと　忍耐強さや愛情は
　　大きく育ち実を結び　疑念や苦悩の
　　野原は荒れ果てる
　　幸せとは熱く燃える光
　　暗闇をすっかり消し去る光
　　家庭は和解　和解は家庭

　続いてさらに３〜５分の間座って、家庭内のもめ事を解決することに考えを集中させます。そしてキャンドルの火を消します。
　この儀式は、３夜連続で行いましょう。

DEATH

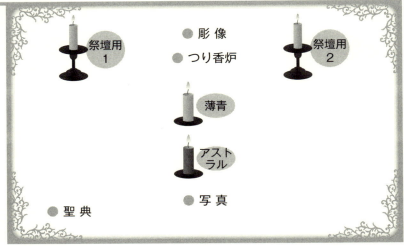

亡き人のために

（注記：この儀式は、故人の写真をその人のアストラルキャンドルの前に置いて行います。）

　祭壇用キャンドル1と2に火をともします。
　お香をたきます。
　故人のアストラルキャンドルに火をともし、心のなかにその人との一番の思い出をイメージします。とくに楽しかったひと時を思い出すといいでしょう。そしてこう唱えます。

　　ここに……（名前）が立っている
　　けっして生命(いのち)が果てることはない
　　彼／彼女の魂はこの炎のように燃えている

薄青色のキャンドルに火をともし、こう唱えます。

　ここに平和と静けさがある
　彼／彼女の平和と静けさのように　今もむかしも

続いて、幸せだったが今は安らかに眠っている人のことを考え、こう唱えます。

　知ること　挑戦すること　意思を持つこと　黙秘すること
　これは魔女の４つの教え
　挑戦するには　知らねばならない
　意思を持つには　挑戦せねばならない
　意思を持ち帝国を所有せねばならない
　帝国を統治するには　黙秘せねばならない

　満天の星をいただく円天井の女王様
　大空に浮かぶ広大な大聖堂
　あなたのしもべのすべての罪をお許しください
　わたしが逝く前に

　良い思い出だけを残してください
　神様の愛を受けて苦悩に満ちた恍惚を
　見せてください　その愛らしいお名前で
　あなたの輝かしいお姿を

　あなたのしもべは老いた父がしたように
　太古のむかしの儀礼にのっとり礼拝した

愛と大胆な魔法の力を
　　あなたの聖夜をすべて神聖なままにせよと

　　今ではあなたの姿もかすみ　人生の炎も力なく
　　そして　ついにそのときがやって来た
　　この年老いて衰弱したさまを後にするときが
　　そうあらしめよ　あなたの望みどおりにならんことを！

　キャンドルを30分ほど燃やしたら、火を消します。これを７夜連続で毎晩繰り返し行います。
　長時間燃える大きなキャンドルもありますので、できればこの儀式ではアストラルキャンドルや薄青色のキャンドルとしてそれを使うといいでしょう。

夢
DREAMS

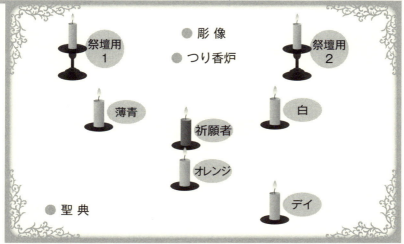

夢を誘うには

祭壇用キャンドル1と2に火をともします。
デイキャンドルに火をともします。
お香をたきます。
祈願者のキャンドルに火をともし、こう唱えます。

　　ここにいるのはこの儀式の主役　……（名前）だ

薄青色のキャンドルに火をともし、こう唱えます。

　　ここで落ち着きと忍耐が燃えている
　　望みをかなえるのに必要な落ち着きと忍耐が

オレンジ色のキャンドルに火をともし、こう唱えます。

　　ここにその欲求を惹きつけるものがある
　　彼女／彼が夢見るような魅力が
　　彼女／彼が望み　その目で触れ　体で感じたいと思う
　　あらゆるものがここにある

白色のキャンドルに火をともし、こう唱えます。

　　彼女／彼がこのきらめく炎を見つめるのは
　　そのなかにこそ真実が宿っているからだ

　しばらくの間目を閉じて、白い光にまわりを完全に包まれている祈願者（つまりあなた自身）を見つめます。これを数分間続けたら目を開けて、こう唱えます。

　　どこから来るのか　木々の間を縫うやさしい風は？
　　そしてどこへ行くのか？
　　そっと通り抜けるのも感じさせず
　　ビロードのような手触りで頬(ほお)を撫でていく
　　蝶が羽ばたきをするように
　　あっという間に　行ってしまった！

　　しかし現実は　いくら手を伸ばしてつかもうとしても
　　風には絶対に届かない
　　目の前にあるというのに　いや　何もない！
　　わたしたちは何と現実的にとらえるのだろう
　　愛する人たちを夢のなかで見るときは

また彼らと出会い　語らい
　ともに歩み　再び愛する
　彼らはまだいるだろうか
　呼んだら来てくれるだろうか？
　再び出会って　望むことができるだろうか？
　ああ　もちろん　できるとも　本当だ！
　わたしたちが見たいもの　経験したいものは
　夢のなかで　欲しいと願うだけでわたしたちの手のなかに
　やって来る　きっとやって来る！
　願ってみよう　きっと手に入る！
　知りなさい　わたしたちがパワーを秘めていることを
　願うものすべてがわたしたちの手に入ることを！

　しばらくの間静かに座って休んだら、キャンドルの火を消します。この儀式は、夜ベッドに入る前、夢を見たいときに行いましょう。

敵
ENEMY

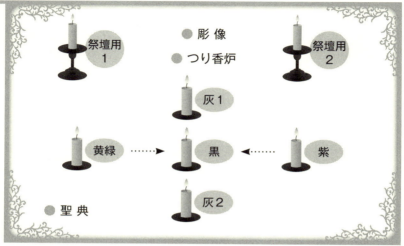

圧力をかけて敵を追い込むには

祭壇用キャンドル1と2に火をともします。
お香をたきます。
黒色のキャンドルに火をともし、こう唱えます。

　ここにわたしの敵が立っている　ひとりきりで
　彼／彼女に友はない
　助けもなく　……（名前）　哀れなことよ
　すぐにわたしを苦しめた報いを受けるだろう

　灰色のキャンドル1と2に火をともし、集中してからこう唱えます。

おまえの前には何もない　おまえの後ろにも何もない
　　手元にあるのは失意だけ
　　おまえの企てはどれも完全にしくじった
　　企ての存在すらもない

黄緑色のキャンドルに火をともし、集中してからこう唱えます。

　　ここに病が　疑念が　心配がある
　　それがおまえに忍び寄る
　　恐れ　怒り　不和がおまえの新たな仲間

紫色のキャンドルに火をともし、集中してからこう唱えます。

　　不安がおまえの新たな仲間　ここから彼に歩かせよう
　　おまえのもとに　彼が来るのを待つがいい

　しばらくの間座って、あなたの敵のイメージをはっきりと思い描きます。そしてこう唱えます。

　　西へ　東へ
　　北へ　南へ
　　彼／彼女の名は国じゅうに
　　はっきりと知れ渡る
　　彼／彼女は野を駆け抜けて
　　森を切り開いて進んでいく
　　ただ姿を消そうと懸命に
　　まったく目には見えないが
　　小高い丘の向こうへと

茂みのなか　彼／彼女のとなり
木々のなか　小妖精たちが
彼／彼女の後をつけ　じっと見つめている
彼／彼女が絶対に自由の身になれぬよう
昼に合図を送りつつ
夜に合図を送りつつ
彼／彼女が行く先を警戒する
そしていつでも
目に見えぬ姿のまま
彼らの魔法の弓が届くところにいる
彼／彼女は雑木林から出てくると
しばらくの間ひと休み
そのときウマはひとを恐れ
鼻息を荒だてる
ウマはまさにここだと感じている
乗り手の目が届かずに
安全に隠れていられるのは
だが　その後
ウマのいななきや鳴き声で
彼／彼女はみずからの理解や知識に
不安になる
かつての思いとは裏腹に
自分が大量殺りくで多くの敵をつくった国から
逃げ出してきたのではないかと
今では彼／彼女が小妖精から
盗んだものに報いなければならないのだと
何も考えず　その手から
奪ったものに対して

今では小妖精たちが抱く恐怖も
彼／彼女に返ってくる
彼／彼女はこの国で　暮らしている
彼／彼女はウマに拍車をかけて
今では恐怖の匂いをかぎつけて
その恐怖をわがものとした
さあ　追っ手に見つかった
ああ　猟犬が追いかけてくる
復讐が待っているのは　間違いない
彼／彼女はもう振りかえらない
彼／彼女が身をかがめ　全速力で
ウマを走らせる　どこへ向かうかは　関係ない
小妖精たちのまなざしから
逃れられるかぎりの速さで　彼／彼女は走る
しかし　彼／彼女のような悪党が
逃げ出せるわけもない
それでも　彼／彼女は逃げ場を探して
走り続ける
恐怖とともに　ウマを走らせ
死を心に抱きながら　ウマを走らせる
恐怖がすぐ後ろをひた走る

　キャンドルを５分間燃やし続け、その後火を消します。この儀式は毎晩繰り返し行いますが、そのたびに黄緑色のキャンドルと紫色のキャンドルを５〜６センチずつ、黒色のキャンドルのほうへ近づけていきます。

邪　心
E V I L

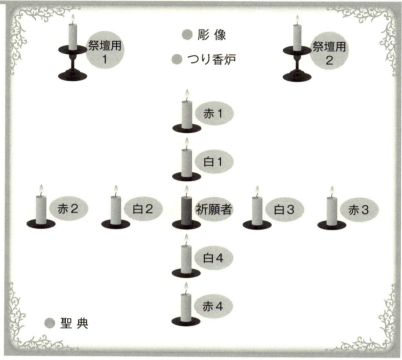

邪悪な心から身を守るには
（ひとの「呪いを解く」には）

　祭壇用キャンドル１と２に火をともします。
　お香をたきます。できればフランキンセンスがいいでしょう。
　祈願者のキャンドルに火をともし、白装束に身を包んだ祈願者のことを一心に考えます。
　白色のキャンドル１、２、３、４に火をともし、こう唱えます。

これは……（名前）の生気のほとばしりを取り巻く
　　　純粋さのサークル
　　　その真ん中で……（名前）の魂があざやかに燃えている
　　　これはつねにそばにいる　彼／彼女の守り神
　　　これぞ最も優れた清めの道具

赤色のキャンドル１、２、３、４に火をともし、こう唱えます。

　　　純粋さのサークルを強くするには
　　　力強さのサークルをさらにつくること
　　　……（名前）の精神の強さ
　　　彼女／彼はあらゆる危害から　あらゆる邪心から守られている
　　　彼女／彼は清められ　再びこの世に生を受けるのだ

　幸せで気ままな祈願者のことを、邪悪な心の話などまったく聞こえず、そうした邪心を恐れてもいない祈願者のことを考えます。しばらくしたらこう唱えます。

　　　わたしが祈りをささげる神がいる
　　　わたしのように貧しいが　何の利益も求めない
　　　わたしは世界とそこで起きる出来事を見つめ
　　　良いことだけを胸に秘め　あとは忘れてしまおう
　　　快楽について　神父はあれこれ言うけれど
　　　わたしの控え目な信念が怒りを買うことはない
　　　愉快に酒を飲み　わが運命を
　　　善良な人々の友　神に委ねよう！

わたしの枕もとで貧しさが
ふさぎ込んでいる　でも　わたしは気にしない
愛と希望のおかげ　そうだろう
わたしは　運命はいかにと夢を見る
わが神は厳しくない　厳しい神は神父がつくる
わたしが心を傾けるのはやさしい彼
愉快に酒を飲み　わが運命を
善良な人々の友　神に委ねよう！

勝利をおさめた暴君は力まかせに酒を浴び
民も王家もしたい放題
軍馬の誇り高き蹄(ひづめ)がまき散らすほこりは
王たちの聖なる額を汚す
這いつくばれ　這いつくばれ　落馬した王よ
おまえの栄光の終焉などわたしには関係あるまい？
愉快に酒を飲み　わが運命を
善良な人々の友　神に委ねよう！

おお　神父よ　われらが不吉な友
予言はどれも陰うつなものばかり！
ああ　何ていうことだ　神父はかように祝宴を好まれるのか
時の終わりを　最後の審判の日を！
来い　ケリドウェン　頬を膨らませ
　　〔訳注：ケリドウェンとは、ケルト伝説に登場する魔女〕
炎に包まれ　雷雲とともに降りてこい！
愉快に酒を飲み　わが運命を
善良な人々の友　神に委ねよう！

何だって　怒りの神だと？　ばかな！
その神が万物をつくり　そのすべてを愛している
ぶどう酒を与えてくださる　親愛なる友よ　あなたに
愛は彼の創造の助け
それらすべての魅力が消え失せていく
神父が悪夢を喜び勇んで呼び起こす！
愉快に酒を飲み　わが運命を
善良な人々の友　神に委ねよう！

　続いて座って、邪悪なものがすべて蒸散していくことを想像します。祈願者が自由になり、幸せになったことを確かめます。それから座ったまま、キャンドルが燃え尽きて消えるまで沈思しましょう。

恐　怖
FEAR

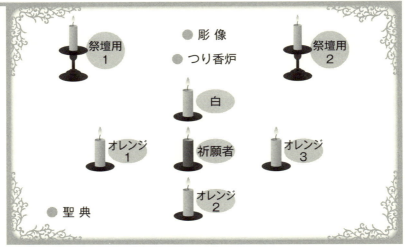

恐怖に打ち勝つには

　祭壇用キャンドル1と2に火をともします。
　お香をたきます。
　祈願者のキャンドルに火をともし、祈願者のことに考えを集中させたら、こう唱えます。

　　このキャンドルは　……（名前）をあらわす
　　その魂は　この炎のように安定し　しっかりと燃えている

白色のキャンドルに火をともし、こう唱えます。

　　ここに……（名前）にとってさらなる自信と力強さがある
　　純粋さと誠実さはつねに彼／彼女とともにある

オレンジ色のキャンドルに、番号順に火をともし、こう唱えます。

　ここにあらゆる恐怖心に打ち勝つための意思がある
　これらのキャンドルの炎と同じように燃えている
　……（名前）の断固たる心
　……（名前）は自身の理想をつかみ
　疑念はすべて取り払われる
　……（名前）はあらゆるものに打ち勝てるのだ

　続いて沈思しながら座り、恐怖心が払拭されて自信がみなぎってくるのを想像します。そして３〜４分たったら立ち上がり、こう唱えます。

　わたしは不安だったし　ひとりぼっちだった
　だからこう思っていた
　怖かった
　愛情などなかった　だから弱かった
　暗闇のなか　何も知らずに陰うつだった
　怖かった
　歯がポキッと折れる音　群衆の怒号
　踏みつける音　飛び跳ねる音
　耳に入る音　目に入る光景
　心のなかでは……
　怖かった
　だが　時はやって来た
　今では何もかもが消え失せた
　笑い声は言葉　笑い声は剣(つるぎ)

わたしの心を満たし　わたしの心をつかむもの
まったく怖くはない　疑いもない　苦しくもない
今はもう
力強さと歓喜　そして心の喜び
怖かったものは　今ははるかかなた
前方には光があり　暗闇はない
恐怖はなく　不安もない
わたしはひとり　皆がこちらに向かい
わたしを見つめている──怖がることなど何もない！

キャンドルの火を消します。
これを毎晩、9夜連続で行います。

幸福
HAPPINESS

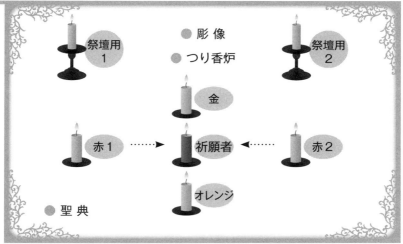

幸福を勝ち取る、または持続させるには

祭壇用キャンドル1と2に火をともします。
お香をたきます。
祈願者のキャンドルに火をともし、祈願者に思いをはせます。そしてこう唱えます。

　ここに……（名前）が立っている
　彼／彼女の魂は　この炎のようにしっかり燃えている
　幸福は彼女／彼のもの　当然勝ち取るに値するもの

金色のキャンドルとオレンジ色のキャンドルに火をともし、こう唱えます。

幸福は……（名前）に惹きつけられる
　　　この炎に蛾が飛んでくるように
　　　それはとても魅力的で　抗うことなどできやしない
　　　近くに引き寄せては　ぐっと引っ張るのだから

　赤色のキャンドル1と2に火をともし、こう唱えます。

　　　ここに幸運と幸福がある
　　　彼女／彼が当然勝ち取るに値するもの
　　　だから彼女／彼は懸命に働いてきたのだ
　　　間違いなく彼女／彼のもの
　　　身体を揺さぶるように彼女／彼に近づき　進んでくる
　　　それは彼女／彼のもの

　今度は欲しがっていたものをすべて手に入れた人のことを考えてみましょう。そしてこう唱えます。

　　　薄暗い夜の　夜明けは麗しく
　　　星はその光とともに甘美な心地よさをかもし出し
　　　わたしに新たな生命と歓喜を約束する──
　　　ああ　うそはつかないで！

　　　大海原が月に向かって大きくうねるように
　　　わが魂は　大胆にもあなたにまで──あなたにまで
　　　そしてあなたの歓喜の光にまで──昇っていく──
　　　ああ　うそはつかないで！

さらに数分の間、幸福感が育まれ、大きくなっていくことを想像し、再びこう唱えます。

　　薄暗い夜の　夜明けは麗しく
　　星はその光とともに甘美な心地よさをかもし出し
　　わたしに新たな生命(いのち)と歓喜を約束する──
　　ああ　うそはつかないで！

　　大海原が月に向かって大きくうねるように
　　わが魂は　大胆にもあなたにまで──あなたにまで
　　そしてあなたの歓喜の光にまで──昇っていく──
　　ああ　うそはつかないで！

　さらに数分の間そのまま座って待ち、その後キャンドルの火を消します。
　この儀式は毎晩連続して行いますが、そのたびに赤色のキャンドルを5〜6センチずつ、祈願者のキャンドルのほうへ近づけていきます。最後に3本が互いにくっつくまで続けます。

癒し
HEALING

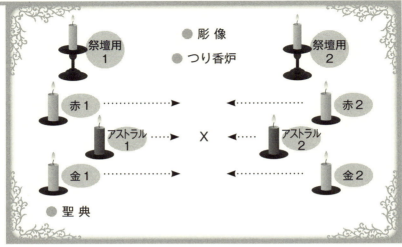

不幸せな結婚生活を修復するには

　祭壇用キャンドル1と2に火をともします。
　お香をたきます。
　これから行うことについて熟考します。
　アストラルキャンドル1、赤色のキャンドル1、金色のキャンドル1に火をともしながら、夫のことを考えます。
　そしてこう唱えます。

　　この結婚において　夫は……（名前）
　　その魂にわたしは象徴的に火をともす
　　夫が妻……（名前）への愛を強く抱き
　　育んでいこうとするのを知ったから

アストラルキャンドル２、赤色のキャンドル２、金色のキャンドル２に火をともしながら、妻のことを考えます。そしてこう唱えます。

　　この結婚において　妻は……（名前）
　　その魂にわたしは象徴的に火をともす
　　妻が夫……（名前）への愛を強く抱き
　　育んでいこうとするのを知ったから

　５分の間座って、２人が互いに惹かれ合っていることを想像します。そしてこう唱えます。

　　ともに　ともに　ともに
　　修復するのは２人の間にできた溝
　　暖かいのは深い溝を跳び越していく光
　　溝はもう消えた

　　幸福がその場面に忍び寄る
　　愛は言葉　愛は光だから
　　違いは忘れられ　軽い言葉は消し去られる
　　愛は慰め　あらゆる苦悩を癒してくれる

さらに５分の間沈思したら、再びこう唱えます。

　　ともに　ともに　ともに
　　修復するのは２人の間にできた溝
　　暖かいのは深い溝を跳び越していく光
　　溝はもう消えた

幸福がその場面に忍び寄る
　　　愛は言葉　愛は光だから
　　　違いは忘れられ　軽い言葉は消し去られる
　　　愛は慰め　あらゆる苦悩を癒してくれる

　最後に５分間、沈思したら、さらにもう一度こう唱えます。

　　　ともに　ともに　ともに
　　　修復するのは２人の間にできた溝
　　　暖かいのは深い溝を跳び越していく光
　　　溝はもう消えた

　　　幸福がその場面に忍び寄る
　　　愛は言葉　愛は光だから
　　　違いは忘れられ　軽い言葉は消し去られる
　　　愛は慰め　あらゆる苦悩を癒してくれる

　キャンドルをさらに５分間燃やし続け、その後火を消します。
　この儀式は１日おきに繰り返し行いますが、まずは対になる２本のキャンドルを互いのほうへ２〜３センチずつ近づけていきます。最後に２本のアストラルキャンドルがくっつくまで続けましょう。

健　康
HEALTH

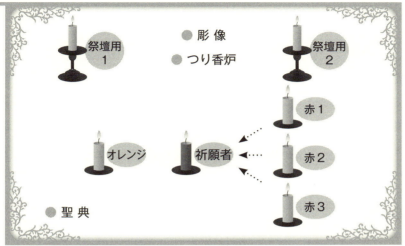

健康を取り戻す（または保つ）には

　祭壇用キャンドル1と2に火をともします。お香をたきます。
　健康を取り戻すためにこの儀式を行うのなら、数分の間座って、滋養分や健康が体内に流れ込んでくるのを想像します。
　祈願者のキャンドルに火をともし、祈願者をイメージしたら、こう唱えます。

　　ここに健康そのものの……（名前）がいる
　　神々の恵みがあらんことを
　　彼／彼女の繁栄に

　オレンジ色のキャンドルに火をともし、こう唱えます。

この炎が良いものすべてを……（名前）に引き寄せる
　　健康と力強さ　彼／彼女が望むものすべてを引き寄せる

赤色のキャンドル１、２、３に火をともし、こう唱えます。

　　ほら　ここに健康と力強さがある　３倍にもなっている
　　そうしたら　これを……（名前）の体内に取り込んで
　　神々が望まれるとおり　彼／彼女の役に立ち
　　彼／彼女の体づくりをするために

そしてこう唱えます。

　　そしてはじまりはいつもこうだった
　　生きるためには　狩りをして仕留めねばならない
　　仕留めるためには　力強くあらねばならない
　　力強くあるには　食事と運動が必要だ
　　食事と運動のためには　狩りをせねばならない
　　あなたが弱者なら　あなたはけっして強くはなれまい
　　あなたが強者なら　その強さをそのまま保つべきである
　　しかし　もしあなたが弱者なら
　　強くなることを考えねばならない
　　思考は行動なのだから
　　また　強くなることを考えるなら
　　次は狩りをし　仕留め　食することができる
　　よって強くなることを考えるなら
　　あなたは強く　動くことができる
　　思考がもたらすのは食物ではなく
　　食物を獲得する手段なのだ

そうあらしめよ
力は強き者のもの
力は弱き者のもの
腕で槍(やり)を高く掲げよ
腕で石を投げつけよ
腕で投げ槍(やり)をぐっと突き出すのだ
力強くあれ　つねに
そうあらしめよ

　静かに座って、祈願者が素晴らしい健康を享受していること、そしてこれからも享受することについて熟考します。続いて10〜15分の間そのまま座り、その後キャンドルの火を消します。この犠式は、7週連続で、毎週金曜日の夜に行いますが、そのたびに3本の赤色のキャンドルを祈願者のキャンドルのほうへ少しずつ近づけていきます。最後の7週目の金曜日に3本のキャンドルがくっつくまで続けましょう。

嫉 妬
JEALOUSY

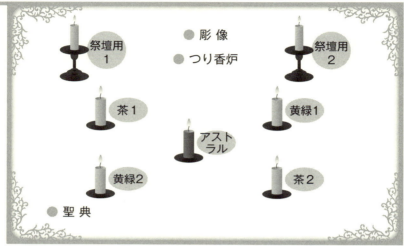

嫉妬心をかき立てるには

　祭壇用キャンドル1と2に火をともします。
　お香をたきます。
　嫉妬心をかき立てたい相手のアストラルキャンドルに火をともします。彼女または彼のことを強く思い、こう唱えます。

　　ここに女/男の……（名前）がいる　この炎が燃えるように
　　彼女/彼も燃え上がり　嫉妬心で燃え尽きる

　茶色いキャンドル1と2に火をともし、こう唱えます。

　　……（名前）の気持ちは定まらない
　　彼女/彼は自分に対しても　他者に対しても自信がない

ためらっている──やがて途方にくれるだろう

　黄緑色のキャンドル1と2に火をともし、こう唱えます。

　　嫉妬心は彼／彼女のもの　彼女／彼をむしばんでいく
　　力強い炎とともに燃えている

　続いて彼女または彼がどんどん嫉妬心を募らせていくのを想像します。そしてこう唱えます。

　　わたしは横になって眠った──恵みの眠りだ
　　それがわたしの深い苦悩と苦労を和らげた
　　そのときだ　何ということだ！　まぼろしが見えたんだ！
　　神々しいほどに美しい乙女が

　　乙女は大理石のように冷たく青白い
　　驚いて目を見張るほどに
　　その瞳は真珠のような涙で輝き
　　その巻き毛は金色に波打つ

　　乙女は大理石のように冷たく青白い
　　彼女は低く　低く　滑りつづけ
　　わたしの波打つ心に横たわる
　　乙女は大理石のように冷たく青白い

　　何という感動　何というときめき　歓喜と苦悩とで
　　わたしの心はたけり狂うほどに燃えている！
　　乙女の胸は　感動もときめきもなく──

吹きだまりの雪のように凍えている

「わたしの胸は感動もせず　ときめきもせず
　触ると氷のように冷たいのです
　でも　愛の喜びも知っています
　愛があれば何でもできることを

　わたしは頬(ほお)を赤らめたりはしません
　心に血がないのだから
　身震いするほどの恐怖と闘っているのではありません
　あなたには　わたしはやさしく親切でしょう」

　彼女はまだ狂おしいほどわたしにまとわりついてくる
　わたしの分別がどんどん失われていく
　けたたましいオンドリの鳴き声──やがて宙に消えていく
　乙女は大理石のように冷たく青白い

　しばらくしたらキャンドルの火を消します。この儀式を毎週月曜日と金曜日に、３週連続で行いましょう。

愛　情
LOVE

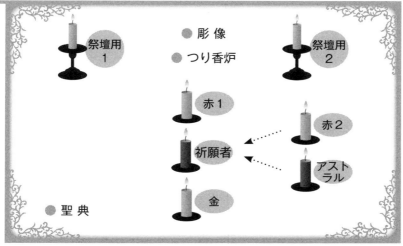

異性の愛情を勝ち取るには

祭壇用キャンドル1と2に火をともします。
お香をたきます。
祈願者のキャンドルに火をともし、こう唱えます。

　ここに……（名前）がいる
　このキャンドルは彼／彼女
　この炎は彼／彼女の魂が燃えるように燃えている

赤色のキャンドル1に火をともし、こう唱えます。

　……（名前）の愛は大きく　ここに示される
　その愛はとても強く　多くの人が求めるもの

愛が欲しい相手のアストラルキャンドルに火をともし、こう唱えます。

　　わたしがここで目にしているのは……（名前）の心
　　わたしは目の前に彼女／彼をイメージできる
　　彼女／彼をよく知っているから

赤色のキャンドル２に火をともし、こう唱えます。

　　……（名前）の愛は
　　……（祈願者の名前）がこの炎とともに成長するため
　　この炎のように燃えている
　　そして永遠に彼／彼女に惹かれていく
　　彼／彼女の　彼／彼女に対する愛は素晴らしい

金色のキャンドルに火をともし、こう唱えます。

　　ここで彼女は彼に惹かれていき　互いに惹かれていく
　　愛とはこういうものだから　だれもが魅力を感じている
　　このキャンドルが燃え　彼／彼女をずっと近くに引き寄せる
　　何と強い力
　　彼女／彼は引き寄せられるのを感じている
　　彼／彼女への思いは永遠に
　　彼女／彼の日々は彼／彼女への切なる思いとともに長く
　　彼女／彼の夜は互いを求め合う気持ちで満ちている
　　ひとつになる　結ばれることが　彼女／彼の思い
　　永遠にひとつになることが　彼女／彼の差し迫った気持ち
　　彼女／彼は安らぎを得られないから

彼女／彼が互いに寄り添って眠るまで

　　彼／彼女のあらゆる願いを　彼女／彼は満たそうとする
　　仕えるために　生きるために──死ぬのではなく
　　彼女／彼は　こんなにも強い力に
　　あらがうことなどできない　あらがうつもりもない
　　ただその力の赴くままに
　　旅路の果ては彼／彼女のもとへ
　　日が昇るところでは
　　彼／彼女は互いの愛に寄り添い
　　日が沈むところでは
　　彼女／彼が寄り添い合う

　座ったまましばらくの間待ってから、キャンドルの火を消します。
　この儀式は毎日繰り返し行いますが、そのたびにアストラルキャンドルと赤色のキャンドル2を2～3センチずつ、祈願者のキャンドルのほうへ近づけていきます。最後に2本のキャンドルが祈願者のキャンドルにくっつくまで続けましょう。

幸 運
LUCK

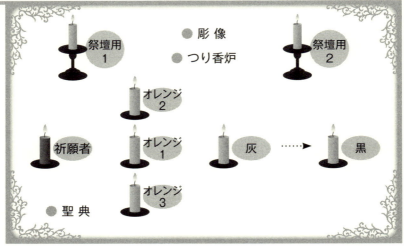

ひとの運勢を変えるには

　祭壇用キャンドル1と2に火をともします。
　お香をたきます。
　祈願者のキャンドルに火をともし、祈願者のことを一心に考えます。そしてこう唱えます。

　　このキャンドルは……（名前）をあらわしている
　　それは彼女／彼をあらわし　あらゆる意味で彼女／彼である

　オレンジ色のキャンドル1、2、3に火をともし、祈願者の運勢が良いほうに変わっていくことを想像します。そしてこう唱えます。

　　……（名前）を勇気づけよう

あなたの運勢は変わるのだ
　　幸運はあなたのものになるのだと

　黒色のキャンドルに火をともし、こう唱えます。

　　ここに……（名前）のものだった不運がある
　　彼女／彼に不都合だったものがすべてここにある
　　困窮や失望がすべてこのなかにある

　灰色のキャンドルに火をともし、不幸がかき消されていくのを想像します。そしてこう唱えます。

　　ここで不運と不幸の力を無にしよう
　　ここで歩を止め　向きを変え
　　大きく幸運へと進んでいこう

　祈願者の運勢が、悪いほうから良いほうに決定的に変わっていくのを想像します。続いて良いほうの運勢がさらに良くなっていくのを想像します。そして、しばらくしたらこう唱えます。

　　おまえはどうするのか？
　　どうしてそうするのか？
　　どうやってそうするのか？
　　向上するために　利を得るために
　　生きるために　愛するために
　　今はもうだれも愛していないのか？
　　どちらでもない
　　愛してはいるけれど　それは全体のごく一部だと感じている

今でも待ち続けている
やっぱりそうか！　おまえは何を手に入れるつもりだ？
それは丸ごとわたしのせりふ
目の前に壁がある
道が見えない　ここから導いてくれないか
生きるために？　愛するために？
ああ　そうだ　それ以外にも
それ以外にも　そう言ったね？　野望があるんだね！
確かに　野望はある　幸運がわたしを変えてくれるから
その幸運は続くだろう
おまえの野望がカギとなる
成功はおまえのものだ　だが　いつになるんだ？
辛抱するんだ！　辛抱強さはあるはずだ
確かに辛抱強いが　それで十分だろうか？
もちろん　野望はある
だが　野望と辛抱強さを兼ね備えていても
けっして順調にいくとはかぎらない
ならば　いつそれが変わるのが見られるのだろう？
いつわたしの運勢は上向くのだろう？
月が見えるうちに　わたしは誓おう
おまえのなかに　万事うまくいくという思いを込める
おまえの運勢は上向いていく
おまえには生きる義務がある　愛する義務がある
野望を抑えてはいけない　弱気になってもいけない
マリア様[2]のお顔が変わっていくうちに
これらの思いは満たされるだろう　そのうちに

2　月のこと

  おまえは過去を振り返ったりしなくなる
  どうして？
  おまえは未来のことで手いっぱいになるからだ

 10分間座ったまま、すべての物事が良いほうに変わっていくことを想像します。
 キャンドルの火を消します。
 この儀式は毎晩繰り返し行いますが、そのたびに灰色のキャンドルを２〜３センチずつ、黒色のキャンドルのほうへ近づけていきます。

瞑想
MEDITATION

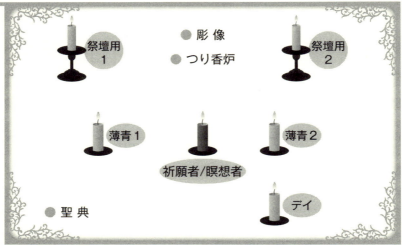

瞑想するには

　祭壇用キャンドル1と2に火をともします。
　お香をたきます。
　デイキャンドルに火をともします。
　祈願者（＝瞑想者）のキャンドルに火をともし、自分自身について考えます。そしてこう唱えます。

　　このキャンドルはわたし自身　しっかりと　正直に燃えている

　薄青色のキャンドル1と2に火をともし、こう唱えます。

　　ここが心の安らぎと平穏のあるところ
　　わたしが安全に瞑想し　心を豊かにできる

特別なところ

　自分独自のやり方（超越瞑想、タントリックヨガなど、何でもかまいません）で、瞑想[3]にふけります。瞑想が終わったら、火をともしたときとは逆の順番で、キャンドルの火を消します。

---

[3] 瞑想に関するおススメの著書："The TM Book"（デニス・デニストン＆ピーター・マクウィリアムズ著）、"Meditate the Tantric Yoga"（スワミ・ジョティマヤナンダ著）、"Buddhist Meditation"（G. C. ラウンズベリー著）、"Why and How of Meditation"（ラス・マイケル著）

お　金
MONEY

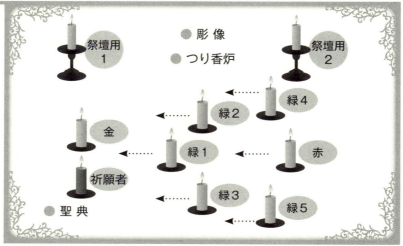

お金を手に入れるには

　祭壇用キャンドル1と2に火をともします。お香をたきます。
　しばらくの間座って瞑想します。自分が成し遂げたいことを心のなかで明確にします。
　祈願者のキャンドルに火をともし、祈願者（もちろん、祈願者があなた自身の場合も十分にあり得ます）のことを一心に考え、こう唱えます。

　　このキャンドルは……（祈願者の名前）をあらわしている
　　この炎が燃えるように　彼／彼女の魂も燃えている

　金色のキャンドルに火をともします。お金の魅力について一心に考え、こう唱えます。

このキャンドルはお金の魅力をあらわしている
　　これは……（祈願者の名前）とその傍らの者とともに働く

　緑色のキャンドル１、２、３、４、５に、順番に火をともし、お金について一心に考えます。キャンドルに火をともしながら、こう唱えます。

　　これらのキャンドルがあらわしているのは
　　……（祈願者の名前）が望むお金
　　まさに彼／彼女が必要としている額[4]
　　――それ以上でも　それ以下でもない

　赤色のキャンドルに火をともし、願いが完全にかなったことを想像します。

　　このキャンドルがあらわしているのは
　　お金を意のままに操る力
　　お金を……（祈願者の名前）のほうに駆り立てる力

　ここでひと息ついて儀式を振り返ります。続いてこう唱えます。

　　願いをかなえるのにお金がいるなら
　　それを手に入れるべくひたすら努力が必要だ
　　すべてを得られるか　さもなくば何も得られずじまいか
　　……（名前）は今　とにかくお金が必要だ
　　それならばお金を彼／彼女に引き寄せよう

---

[4] 本当にお金が必要なときにこの儀式を行えばお金が手に入りますが、ただ漠然とお金持ちになりたいからといってこの儀式を行っても願いはかないません。

彼／彼女に何が必要なのかを言わせてやろう
　　さあ　与えてやろう
　　彼／彼女が切迫した必要性を満たせるように

　　神々は与えてくれるから
　　本当に必要なときに　今こそそれが必要なとき
　　彼／彼女にとって万事順調にいくように
　　彼／彼女に十分に与えてやろう
　　それ以上欲しがらないように

　今度は願いがかなったことを想像します。祈願者はもうお金を持っています。実際に彼／彼女のお金になっているのを想像します。

　　このお金は今や彼／彼女のもの
　　……（名前）がそれを持っていて
　　今では彼／彼女の欲求を満たしている
　　彼／彼女は無事にお金を受け取り　喜んでいる
　　神々の善行をたたえよ
　　そうあらしめよ
　　今となってはすべてよし

　続いて、5分の間静かに座り、キャンドルとお香を燃やします。この時間が終わったら、炎を消してもかまいません。
　この儀式は翌日も繰り返し行いますが、はじめる前に、5本の緑色のキャンドルと赤色のキャンドルを、元の位置から左へ5〜6センチずつ動かします。そうやって毎日儀式の前にキャンドルをずらしていき、定位置の金色のキャンドルと祈願者のキャンドルとが、最後には緑色のキャンドル1とくっつくまで繰り返します。

神経過敏
NERVES

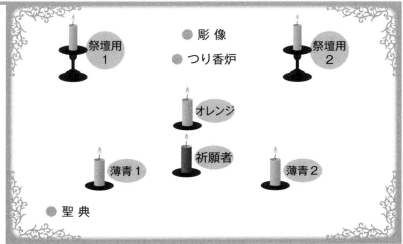

イライラを鎮め、落ち着かせるには

祭壇用キャンドル1と2に火をともします。
お香をたきます。
しばらくの間座って、頭のなかからあらゆる雑念を取り除きます。
祈願者のキャンドルに火をともし、こう唱えます。

　　ここに　心穏やかに……（名前）が立っている
　　彼／彼女の魂はキャンドルの炎のようにしっかり燃えている

オレンジ色のキャンドルに火をともし、こう唱えます。

　　これは彼女／彼の努力を励ますもの
　　これは彼女／彼の心配を脇に追いやる力

薄青色のキャンドル1と2に火をともし、こう唱えます。

　……（名前）のまわりには
　心の安らぎが　落ち着きが　辛抱強さが　そして愛が　ある

しばらくの間静かに座り、そのあとで、やさしくこう唱えます。

　やさしく降る雨　しっとり降る雨
　野に降りつづく
　心が静まり　気持ちが和らぐ
　わたしたちが求める孤独を与えてくれる
　屋根を打つ雨　やさしく降る雨
　葉がたわむことはけっしてない
　そこに降る雨が
　悲しみを洗い流してくれる
　そのあとは滑らかになり
　あたり一面　みずみずしくなり
　心の安らぎと落ち着きと愛が
　雲の上から降りてくる
　わたしたちは落ち着き　暖かさ　穏やかさを感じている
　気が動転したり　「極端に緊張したり」
　することもあるが　冷静さは保っている
　愛のために　わたしたちは今あたり一面に
　とても柔らかく　穏やかで　確かなものを見いだしている
　くつろいで　横になって休むことができる
　治療を受けるように静かに　そして安らかに

10〜15分の間、静かに座って草地や小川、森、野原、花々を想像します。心地良いもの——イベントなどよりもモノ——に気持ちを集中させます。続いて、もう一度こう唱えます。

　　やさしく降る雨　しっとり降る雨
　　野原に降りつづく
　　心が静まり　気持ちが和らぐ
　　わたしたちが求める孤独を与えてくれる
　　屋根を打つ雨　やさしく降る雨
　　葉がたわむことはけっしてない
　　そこに降る雨が
　　悲しみを洗い流してくれる
　　そのあとは滑らかになり
　　あたり一面　みずみずしくなり
　　心の安らぎと落ち着きと愛が
　　雲の上から降りてくる
　　わたしたちは落ち着き　暖かさ　穏やかさを感じている
　　気が動転したり　「極端に緊張したり」
　　することもあるが　冷静さは保っている
　　愛のために　わたしたちは今あたり一面に
　　とても柔らかく　穏やかで　確かなものを見いだしている
　　くつろいで　横になって休むことができる
　　治療を受けるように静かに　そして安らかに

キャンドルの火を消します。
　この儀式は、いつでも必要だと思ったときに行いましょう。

権　力
POWER

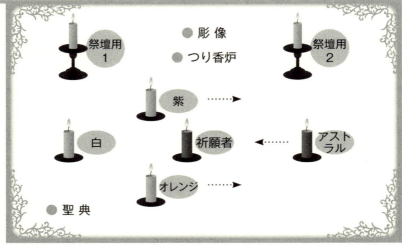

ひとを支配する権力を獲得するには

　祭壇用キャンドル1と2に火をともします。
　お香をたき、煙が立ち昇るのと同時に、祈願者の権力も煙とともに昇っていくのを想像します。
　祈願者のキャンドルに火をともし、祈願者に思いをはせ、こう唱えます。

　　ここで魂が燃えている　……（名前）の力と権力が
　　彼／彼女にはすべてを克服する力がある

　白色のキャンドルに火をともし、こう唱えます。

　　これが……（名前）の力

これが純粋さと誠実さ
　　それゆえ……（名前）はみずからに刃向う者ども
　　すべての長(おさ)になれるのだ

　祈願者が支配したいと思っている相手のアストラルキャンドルに火をともし、こう唱えます。

　　目の前に……（名前）の姿が見える
　　……（祈願者の名前）に仕えている
　　彼／彼女には　長(おさ)の意思がなければ
　　何ひとつできることはない
　　彼／彼女には　長(おさ)の教えがなければ
　　何ひとつ考えられることはない
　　彼／彼女は長(おさ)の手中で踊る
　　操り人形でしかないのだから

　紫色のキャンドルに火をともし、こう唱えます。

　　……（名前）に力を

　オレンジ色のキャンドルに火をともし、こう唱えます。

　　この魅力は彼／彼女のもの
　　彼／彼女が他者を自分に　そして
　　みずからの意思に引き寄せる

　数分の間座って、他者が実際に祈願者の思いつきであちらこちらを走っているのを想像し、こう唱えます。

彼／彼女は神／女神　だから彼／彼女と等しき者はなく
彼／彼女に勝(まさ)る者もない
彼／彼女はもの分かりがよく
計画性に長け　情け深い法を定め
彼／彼女の命に従ってすべての者が行き来する
彼／彼女こそが　よその土地の征服者
そして　宮殿暮らしの父に報告した
父上のご指示どおり　任務を果たしたと
彼／彼女は確かに強大だ　その凄腕で成し遂げた
勇気ある者　彼／彼女にかなう者はない！
敵の頭骸骨をぶち割って憤怒を鎮める
彼／彼女に刃向かえる者はない！
攻撃するときの心は堅固
しかもけっして油断をせず
不敵な態度で乱闘を見つめ
嬉々として野蛮な民を攻撃する
彼／彼女は盾で身構え　敵を制し
そしてひと突きで倒すのだ！
しかし　彼／彼女は大いなる魅力ややさしさの持ち主
そう　彼／彼女は　愛によって　征服したのだ！
彼／彼女の市の民は　彼／彼女を自分たち以上に愛している
守護神よりも彼／彼女を囃し立てる
男も女も彼／彼女をたたえ　彼／彼女とともに歓喜する
今や　彼／彼女は王／女王！
彼／彼女は征服したが　まだまだ事はこれからだ
そして彼／彼女の顔は　生まれて以来
はじめて王族らしくなってきた
彼／彼女は　ともに生まれた人の数を増す

彼／彼女は唯一無比　神様の贈り物
　　彼／彼女は境界線を広げていき
　　南の国々を占領する
　　そして北の国々も楽々と占領する
　　シリアの民を打倒するため
　　砂漠の民を鎮圧するため　彼／彼女は創造されたのだ
　　彼／彼女が支配者になった今
　　この国はどれほど歓喜することか！

　キャンドルの火を消します。
　この儀式は９夜連続で毎晩繰り返し行いますが、そのたびにアストラルキャンドルを２〜３センチずつ、真ん中のほうに動かしていきます。また、紫色のキャンドルとオレンジ色のキャンドルも２〜３センチずつ、真ん中のほうに動かしていきます。

パワーアップ
POWER INCREASE

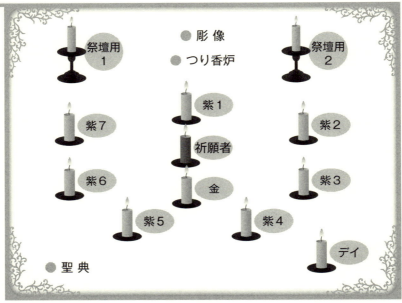

あなたのパワー[5]を高めるには

祭壇用キャンドル1と2に火をともします。お香をたきます。
祈願者のキャンドルに火をともし、祈願者のことを一心に考えながら、こう唱えます。

　　ここにパワーを秘めたる者　……（名前）が立っている
　　彼女／彼は大きな可能性を秘めている
　　しかし　合図が出るのを待っている

5　水晶占いのパワー、魔力、癒しやESP（超感覚的知覚）などのパワーのこと。

金色（または黄色）のキャンドルに火をともし、こう唱えます。

　　これは魅力の　そして信頼の炎
　　その炎を通して　彼女／彼の潜在能力が見えてくる

　デイキャンドルに火をともします（注記：この儀式は満月の７日前にはじめてください。デイキャンドルは、儀式を行う曜日（20ページの表２を参照）に合った色のものになりますので、当然ですが、儀式を行う曜日ごとに違うキャンドルを使うことになります）。
　紫色のキャンドル１に火をともし（注記：儀式の２日目に紫色のキャンドル１と２に火をともし、３日目に紫色のキャンドル１、２、３に火をともします。４日目以降も同様です）、こう唱えます。

　　……（名前）の内に秘めたるパワー
　　炎のようにしっかり燃えている
　　日に日に力強さを増している
　　今も　むかしも
　　どんなにパワーが使われようと
　　３倍ものパワーで補われるのだ

　座って、または楽な姿勢でひざまずき、祈願者に思いをはせ、祈願者のパワー──癒しのパワーであれ、ESP、魔力、またはほかのどんなパワーであれ──がどんどん高まっていくのを想像します。あなたの描くイメージでは、祈願者は濃い紫色の光か霧で覆われています。この光がどんどん大きくなり濃くなっていくのを想像したら、今度はそれが徐々に祈願者に吸収されていくのを想像します。それは祈願者に吸収されるが早いか、さらに大きくなってどんどん吸収されていきます。この集中した瞑想をできるだけ長く維持しま

す。そうしたら、今度はリラックスして、頭のなかをすっかり空っぽにして、こう唱えます。

　　だから……（名前）のためにパワーが高まっていく
　　どんどん高まっていき　どんどん補われていく
　　日に日に　パワーが増していく
　　そうあらしめよ

　キャンドルの火を、火をともしたときとは逆の順番で消します。

繁栄
PROSPERITY

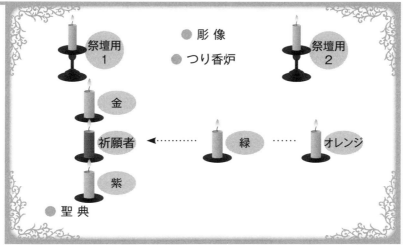

繁栄を手にするには

　祭壇用キャンドル１と２に火をともします。お香をたきます。
　しばらくの間、祈願者が次々と成功を手にしていくのを想像します。もちろん、祈願者自身の努力によってですよ。
　祈願者のキャンドルに火をともし、彼女または彼のことを一心に考えながら、こう唱えます。

　　このキャンドルは……（名前）をあらわしている
　　その魂と決断力は
　　この炎のごとく強く　うそ偽りないものである

　金色のキャンドルに火をともし、こう唱えます。

これが……（名前）の自信
　　だから彼／彼女は繁栄を引きつけずには
　　いられない

紫色のキャンドルに火をともし、こう唱えます。

　　これが才覚の炎
　　注意して取り扱わなくては
　　でも　そのように取り扱えば　彼／彼女は報われるだろう
　　夢のまた夢のような富と繁栄
　　これこそが進歩だ──上昇なのだ

緑色のキャンドルとオレンジ色のキャンドルの両方に火をともし（緑色を先に）、こう唱えます。

　　ここが世界中のお金が集まる場所
　　ここにこそ真の繁栄　真の豊かさと幸運がある

続いて、こう唱えます。

　　丘の上　小さな泉が　強くきらめくしぶきを上げて
　　滝のように流れ落ちている
　　小さな流れが　解き放たれるのを待っている
　　その流れはたくさん集まり
　　どんどん勢いを増し　かつてないほど大きな流れに
　　大平原では流れはゆるいが　成長を止めることはない
　　触れるものすべてを巻き込みながら
　　小さな流れを吸収し　みずから成長していく

丈が伸び　幅が広がり　どんどん大きくなっていく
　そしてとうとう　とうとう　流れは海に届いたのだ
　大きく広がり　海に届いたこの流れは
　ついに地平線を越え　無限の世界へ流れていく
　突進する川は流れを止め　どうにか先へ進んでいく
　──吸収されたのか？　それとも　すべてを吸収したのか？
　支配されたのか？……
　それとも　ついにすべてを支配したのか？
　こうして　この流れは
　はじめは　ごくつつましい水しぶきから
　すべてをすっぽり取り込む巨大な流れへと成長した
　ひとつになったのだ

　しばらくの間静かに座って待ったら、キャンドルの火を消します。この儀式は連日繰り返し行いますが、そのたびに緑色のキャンドルとオレンジ色のキャンドルを５～６センチずつ、祈願者のキャンドルのほうへ近づけていきます。
　そして緑色のキャンドルと祈願者のキャンドルがくっつくまで続けます。

清め
PURIFICATION

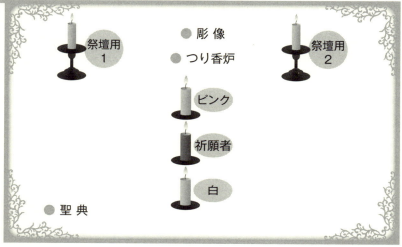

身を清めるには

祭壇用キャンドル1と2に火をともします。
お香をたきます。
祈願者のキャンドルに火をともしながら、あなたの思いを祈願者に集中させ、こう唱えます。

　　ここに……（名前）が立っている
　　その魂はこの炎のように　うそ偽りなく燃えている
　　彼女／彼はまっすぐで　忠実で　正直だ
　　純粋さが彼女／彼の呼び名

ピンク色のキャンドルに火をともしながら、祈願者の大きな愛と誠実さについて考え、こう唱えます。

ここに彼女／彼の高潔　彼女／彼の公正さがある

白色のキャンドルに火をともし、こう唱えます。

　　　そしてここにも彼女／彼の純粋さ　誠意がある

　今度は、これらすべての資質が祈願者の体内に入り込んでいき、そこに留まっていることを一心に考えます。それらは今や祈願者の一部です。祈願者は純粋です。そしてこう唱えます。

　　　ハイ・プリースティスは侍女らにつき添われ
　　　　〔訳注：ハイ・プリースティスとは、ウイッチクラフトの女性司祭〕
　　　東方からやって来て
　　　とうとう川岸にたどり着く
　　　そこで彼女は立ち止まる
　　　瞳が川の流れのかすかな光を
　　　映し出す
　　　彼女は微笑み　天を仰いだ
　　　侍女らが彼女に近寄って
　　　楽しそうな笑い声を上げながら
　　　彼女の衣を脱がせはじめた
　　　優美な絹のスカーフを
　　　川岸のみずみずしい草の上にそっと置く
　　　そして　ハイ・プリースティスの「宝石」[6]も
　　　草の上にそっと置く

---

[6] ウイッチクラフトの儀式で使う宝石。

一番年若き侍女が彼女の髪で宝石を磨き
　　ほかの侍女はみずからの衣を脱ぎはじめる
　　すると侍女らは互いの手をしっかりと握りしめ
　　嬉しそうな叫びやあえぎの声を上げながら
　　川岸を下り　きらめく流れに溶け込んでいく

　　水しぶきを上げ　声を上げ　駆けたり飛び跳ねたり
　　水に濡れた乙女たち　みんな　まるで水の精
　　旅のほこりを洗い流し
　　ちょっとした気苦労も一緒に流す
　　きらめき光る流れのリボンで遊ぶように
　　身体を洗い　草木が覆う川岸を進む
　　身体を洗い　清らかな身体を取り戻す

　静かに座って15分の間沈思したら、キャンドルの火を消します。この儀式は３日おきに繰り返し行います。いつまで続けるかは、あなたしだいです。

水晶占い
SCRYING

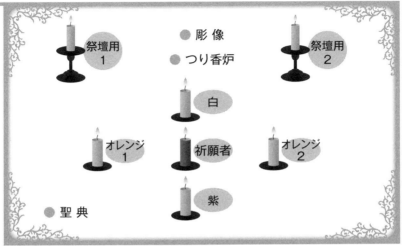

水晶占いをするには[7]

祭壇用キャンドル1と2に火をともします。

お香をたきます（シナモンとマスティック樹脂をブレンドしたものがおススメです）。

祈願者のキャンドルに火をともし、祈願者のことを考えながら、こう唱えます。

> ここに……（名前）の魂とパワーが燃えている
> 超自然(オカルト)の世界に通じ
> 断固として純粋な魂とパワーが

---

[7] クリスタルゲージング（水晶擬視）、鏡占い、その他のスクライング（占い）にも同じように有効です。

白色のキャンドルに火をともし、こう唱えます。

　　　ここで純粋さが　真実が　そして誠意が燃えている
　　　それらは彼／彼女とともにある
　　　この儀式が終わるまで　この儀式が終わったあとも

　紫色のキャンドルに火をともし、こう唱えます。

　　　権力は彼／彼女のもの
　　　この儀式で彼／彼女の目標を達成するためのもの

　オレンジ色のキャンドル1と2に火をともし、こう唱えます。

　　　彼／彼女が水晶で占うものは　彼／彼女に惹かれていく
　　　キャンドルの炎に誘われて　蛾が飛んでくるように

　しばらくの間座って休んだら、自分の考えを整理します。そうしたら見たいと思っているものを正確に決めてください。そしてこう唱えます。

　　　わたしのまわりに光の壁が築かれる
　　　光の壁を通れるのは　わたしに害を与えないものだけ
　　　そこに見えるものすべてに疑いの余地はないが
　　　見えるものはどれもわたしに手を伸ばしてはこない
　　　神々は　わたしの力となり　導いてくれる
　　　それにより　見えるものすべての真実が明らかに
　　　そのお導きに　わたしは感謝する

キャンドルの炎で照らされた祭壇に背を向けます。そうしたら、頭のなかから雑念をすべて取り払い、占いで使う道具（水晶、鏡、またはその他のもの）に意識を向けます。それは床の上に置いても別の小テーブルの上に置いてもかまいません。
　占いが終わったら、もう一度祭壇のほうを振り向いて、こう唱えます。

　　願いはかなえられた
　　神々が永遠にわたしとともにあらせられんことを
　　そして何をしようと　わたしをお守りくださらんことを

　火をともしたときとは逆の順番で、キャンドルの火を消します。

中傷
SLANDER

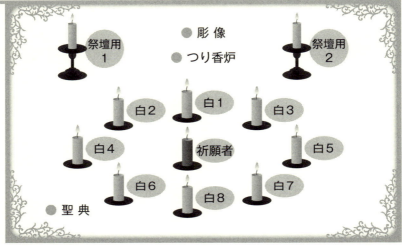

悪口をやめさせるには

　祭壇用キャンドル1と2に火をともします。
　お香をたきます。
　祈願者のキャンドルに火をともし、自分の思いを彼女または彼に集中させたら、こう唱えます。

　　ここに……（名前）が立っている　わけもなく中傷されて

　白色のキャンドルに番号順に火をともし、こう唱えます。

　　彼／彼女に　真実と純粋さがつき添い
　　彼女／彼を　公正さのパワーが取り囲む
　　この盾を打ち破り　彼女／彼を害する者はない

今度は、いわれなき中傷がやみ、祈願者が汚れを落とし、傷のない状態であらわれるのを想像します。そして大きな声で、正々堂々と、こう唱えます。

　　これぞわたしがつくり出したイメージ！
　　これぞ　……（人名）
　　わたしの悪口を言いふらしている輩(やから)
　　ほら　見てごらん　あそこに彼女／彼がいる
　　今こそ彼女／彼を目の前に連れてこよう
　　わたしに悪事を働く　彼女／彼を
　　彼女／彼を縛りつけ　へこませてやろう！
　　彼女／彼が言葉を発する口は
　　わたしがかならずや閉じてやろう
　　そのくちびるを縫い合わせてやろう
　　これ以上言葉を発することができぬよう
　　赤く染めた紐(ひも)できつく　きつく
　　彼女／彼の身体を縛り上げてやろう
　　彼女／彼を閉じ込めてやろう
　　二度と他者と話ができぬよう
　　彼女／彼の悪意をどんなやり方でも伝えられぬよう
　　こういう話に目がないやつらに
　　よく嚙みくだき　まき散らしていくやつらに
　　悪口の種をまき　大きく育て
　　乱暴に収穫していくやつらに
　　今こそやつらの作物を刈り取ってしまえ
　　やつらの畑は荒れ放題
　　やつらの土地は不毛の地

動かない舌
閉じたくちびる
止まった思考
わたしの願いが無事にかなわんことを
そうあらしめよ
わたしの思いがそうであるかぎり

　静かに座って10分間熟考したら、キャンドルの火を消します。
　この儀式は３夜ごとに繰り返し行います。いつまで続けるかは、あなたしだいです。

成 功
SUCCESS

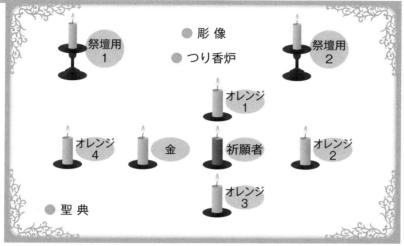

成功を手に入れるには

　祭壇用キャンドル1と2に火をともします。
　お香をたき、手に入れたい成功について熟考します。
　祈願者のキャンドルに火をともし、祈願者をイメージし、こう唱えます。

　　ここに……（名前）が立っている
　　善良でまっすぐな人だ
　　成功を手に入れるため　彼／彼女は懸命に働いている
　　……（どのような成功を手に入れたいのかを詳述）のため
　　手に入れるに十分ふさわしい成功だ

　金色のキャンドルに火をともし、こう唱えます。

この炎が彼／彼女に成功を引き寄せる
　　炎の力が強いほど　成功を引き寄せる力も強い

　オレンジ色のキャンドル1に火をともし、こう唱えます。

　　ここに彼／彼女が望む成功がある
　　彼／彼女はみずからの力で　そして神々の力を借りて
　　それを彼／彼女に引き寄せる
　　彼／彼女がその成功に値するかぎり
　　それはしっかりと彼／彼女のもとにやって来る
　　成功を目指して精勤すれば
　　それだけ成功も大きくなる

　5分の間座って、祈願者がその取り組みにおいて成し遂げた成功に値するすべての実績について考えます。祈願者がその成功を目指して努力して進んでいくのを想像します。その成功が祈願者のもとを訪れるのを想像します。今度は、祈願者があらゆる成功を成し遂げたことを想像します。祈願者がついにくつろぎながら、まさにその成果を手にしているのを想像し、こう唱えます。

　　日の光が　大きく波打つ海の上で
　　楽しそうに戯れていた
　　はるか沖合　きらめく船体が目に入る
　　あの船で　わたしは家路に向かうのだ
　　しかし　風はまだ弱く
　　わたしは静かに白い砂浜に腰を下ろし
　　だれもいない海のほとりで
　　『オデュッセイア』の歌を読む

いにしえの若さあふれる歌を
その大洋から　木の葉がささやく大洋から
神々の息吹が嬉しそうに立ち上がる
日の光が降り注ぐ春
麗しきヘラスの雲ひとつない晴れ渡った空
　〔訳注：ヘラスとは、古代ギリシャ人が呼んだギリシャの名称〕
気高く忠実なわが心
骨折り働くラエルテスの息子を伴い
　〔訳注：ギリシャ西岸沖の小島イタケーの王ラエルテスの子で、ギリシャ
　　神話の英雄オデュッセウスのこと〕
彼と一緒に腰を下ろし　心のなかで悲嘆に暮れた
そこでは　やさしく炉を囲みながら
女たちが座って深紫の糸をつむいでいる
だから彼は嘘をつき　巨人の洞窟から
ニンフの白い腕から　うまくすり抜けられたのだ
しかしその後は　果てなき暗闇が待っていた
嵐に遭い　船も座礁し
言いようのない苦悩に襲われた

わたしはため息をつきながらこう言った
「執念深いポセイドンよ　あなたの怒りは凄まじい
　わたしも国に戻るのが怖い」

かろうじてわたしが言葉を発すると
海水が高く波打ち　泡立ってきた
すると　大波の白いてっぺんから
海神ポセイドンが頭をもたげられた
海藻の王冠をいただいて

さげすむように　こう叫ばれた
　「恐れることはない　わが詩人よ！
　　おまえの叫びを邪魔するつもりなど
　　さらさらない　脅かすつもりもない
　　分別もなく　たけり狂ったように揺らしてばかり
　　詩人よ　おまえには腹が立って仕方がない
　　プリアモスの聖都で一番の小塔も
　　揺らしたことがないくせに
　　　〔訳注：プリアモスとは、ギリシャ神話のトロイア最後の王〕
　　わが息子ポリュフェモスのひとつ目で
　　髪の毛一本　焦がしたことがないくせに
　　　〔訳注：ポリュフェモスとは、ギリシャ神話の食人種の一眼の巨人シク
　　　　ロプスのひとり。オデュッセウスによって目を潰されました〕
　　しかも　まだ知恵の女神パラスアテナを
　　おまえのそばに立たせ　助言を求めたこともないくせに」

　　するとポセイドンは　叫び声を上げながら
　　海に飛び込み帰っていった
　　むかしの低俗な船乗りの冗談が聞こえてくると
　　みだらな海の女神アムピトリーテーと
　　ネレウスの愚かな娘たちが
　　クスクス笑っていた
　　　〔訳注：アムピトリーテーとは、ギリシャ神話の海の女神で、ポセイド
　　　　ンの妻。ネレウスはギリシャ神話の海神〕

　10分の間座って、祈願者にとっての完全な成功をイメージします。
それからキャンドルの火を消します。
　この儀式は、火曜日にスタートしなければなりません。そして金

曜日にまた行いますが、そのときオレンジ色のキャンドル1と2に火をともします。翌火曜日に再び儀式を行い、オレンジ色のキャンドル1、2、3に火をともします。そしてその週の金曜日にもう一度儀式を行い、オレンジ色のキャンドル4本すべてに火をともします。その後、儀式は毎週火曜日と金曜日に繰り返し行いますが、完全な成功が手に入るまでは、かならずすべてのキャンドルに火をともして行いましょう。

真実
TRUTH

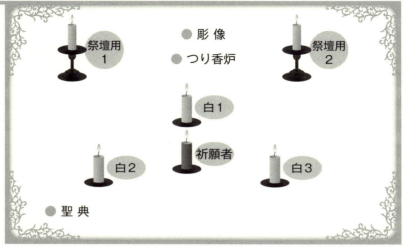

真実を知るには

　祭壇用キャンドル1と2に火をともします。
　お香をたきます。
　あなたが真実を知りたいと思っているテーマについて一心に考えます。
　祈願者のキャンドルに火をともし、祈願者に思いをはせながら、こう唱えます。

　　わたしが火をともすこのキャンドルは
　　……（名前）をあらわしている
　　彼女／彼の魂のように燃えている
　　この炎はあらゆる点で彼女／彼のよう

白色のキャンドルに、番号順に火をともし、こう唱えます。

 これらが真実の象徴
 ……（名前）についての　すべての真実を
 浮き彫りにするよう求められている

続いて、こう唱えます。

 ある夜　茶褐色のヒースの荒地を走っていると
 月明かりの下　美しい城が浮かび上がる
 大ぜいの男や女　大人や子どもが
 ひしめき合う　祭りだった
 草木が風になびいている

 わたしも歓迎され　なかに入った
 心ゆくまでぶどう酒を堪能した
 美女たちと踊り　笑みを交わした
 こんな楽しさは生まれてはじめてだ
 草木が風になびいている

 皆がいっせいに声を上げた
 なんてこった！　眠ってしまった
 となりで美女が踊っている
 トカゲがスルリと逃げ去るかのよう
 草木が風になびいている

 朝焼けのなか　わたしは目をさました
 古い城の跡で横になっていた

岩の向こう　日の光に照らされて
　　緑色に光るトカゲが逃げ去った！
　　草木が風になびいている

　　やっと分かった　真実が　それはつねにわたしとともにある
　　予知夢が昨夜　現実のものになったのだ
　　今まで謎だったことがどんどん解けてきた
　　ひとの笑い声に乗って
　　草木が風になびいている

　そうしたら、静かに座って30分の間熟考します。このとき、知りたいと思っているテーマの真実がひらめいてきます。
　キャンドルの火を消します。

アンクロッシング
UNCROSSING

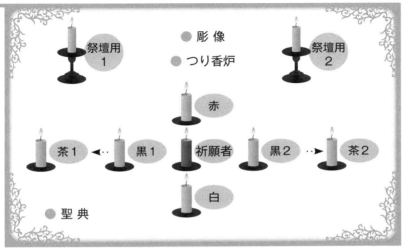

ひとの呪いを解くには

祭壇用キャンドル1と2に火をともします。お香をたきます。
祈願者のキャンドルに火をともしながら、祈願者のことを考え、こう唱えます。

　　ここに……（名前）が立っている
　　呪いをかけられ　苦しんでいる
　　しかし彼／彼女の魂は　この炎のように偽りなく燃えている
　　間もなく解放されるだろう

赤色のキャンドルに火をともし、こう唱えます。

　　そしてここには力強さがある

起こり得るあらゆることに耐え抜く力強さが
　　失われていたものすべてを取り戻す力強さが

白色のキャンドルに火をともし、こう唱えます。

　　そしてここに純粋さを見いだした
　　……（名前）の純粋さが
　　再び立ちあらわれた　永遠に君臨するために

黒色のキャンドル1と2に火をともし、こう唱えます。

　　暗黒が……（祈願者の名前）を取り囲む
　　そのまわりをこの2本のキャンドルで取り囲む
　　炎が燃えるにつれ　暗黒が炎に吸い込まれ
　　炎が彼／彼女から遠ざかるにつれ
　　暗黒は散っていく

　また、祈願者に呪いをかけた人物の名前を知っている場合には[8]、こう唱えます。

　　この2本のキャンドルに　わたしたちに逆らった
　　……（その他の名前）の心と意思がある
　　炎が燃えるにつれ　彼／彼女に存在する
　　暗黒が炎に吸い込まれていく
　　炎が遠ざかるにつれ
　　暗黒も炎とともに遠ざかる

8　名前が分かっている場合には、黒色のキャンドルではなく、アストラルキャンドルを使います。

茶色のキャンドル1と2に火をともし、こう唱えます。

　ここに不安がある
　もはや邪悪な考えに確信はない
　もはや確固とした目的もない
　ここに疑念が入り込む──そして絶望も入り込む

祈願者が今では完全に呪いをかけられた状態から解放されているのを想像します。このことについて一心に考え、こう唱えます。

　流れ出てこい　毒よ
　おまえのは悪意ある不正なやり方！
　わたしの言うとおりにするんだ！
　わたしの声が聞こえたらこちらに来るんだ！
　わたしは神　みずから出てきた
　さあ　来い　ケリドウェンの命で出てくるんだ
　　〔訳注：ケリドウェンとは、ケルト伝説に登場する魔女〕
　わたしはライフ　神をなだめる医者
　肢体から流れ出てくるんだ！
　さあ　来い　アリアンロッド女神の命で出てくるんだ
　見よ　わたしはライフ　神をなだめる医者
　肢体から流れ出てくるんだ！
　さあ　来い　ブリード女神の命で出てくるんだ
　見よ　わたしはライフ　神をなだめる医者
　肢体から流れ出てくるんだ！
　さあ　来い　アスタルテ女神の命で出てくるんだ
　見よ　わたしはライフ　神をなだめる医者
　肢体から流れ出てくるんだ！

さあ　来い　ガネーシャ神の命で出てくるんだ
　　見よ　わたしはライフ　神をなだめる医者
　　肢体から流れ出てくるんだ！

　　太陽が昇り　世界の屋根をまたぐとき
　　世界のあらゆるお寺では　礼拝が行われ
　　海の潮は引いては満ちる
　　マリア様の命に従って
　　時の砂が落ちてはまた落ち
　　何度も何度も　そうならんことを
　　体内から出ていった毒が
　　とこしえに流れ出て　もとの場所に戻らんことを
　　呪いが送り主のもとに戻り
　　力強さと悪意ある力を増し
　　ついにはみずからの苦痛の種になり
　　効きめが３倍にもなって戻らんことを！
　　そうあらしめよ　いつかそのうちに

　黒色のキャンドルと茶色のキャンドルの火を消したら、５分の間座って新たなパワーや力強さが祈願者の心と身体に流れ込んでくることについて考えます。生気を取り戻した、つまり呪いが解かれた祈願者を想像します。そうして５分がたったら、残りのキャンドルの火を消します。
　儀式は３日おきに繰り返し行いますが、そのたびに黒色のキャンドル２本を２〜３センチずつ、祈願者のキャンドルから外側に向かってずらしていきます。最後に黒色のキャンドルが茶色のキャンドルにくっつくまで続けます。

理解
UNDERSTANDING

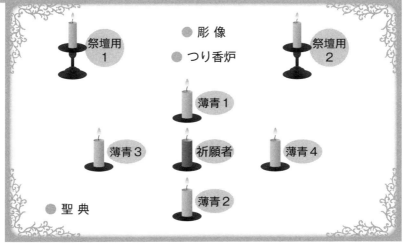

理解を深めるには

　祭壇用キャンドル1と2に火をともします。

　お香をたきます。お香には、少量のシナモンとマスティック樹脂をブレンドしたものがおススメです。

　祈願者のキャンドルに火をともし、思いを祈願者に集中させます。薄青色のキャンドル1、2、3、4に火をともしながら、他者の理解を得る必要性、他者の視点を知る必要性、他者に共感を示す必要性について一心に考えます。

　続いて、静かにこう唱えます。

　　彼はワシのように空高く舞い上がり
　　その目で空から見下ろしている
　　もし彼がネズミだったら　ウサギだったら

野ウサギだったらよかったのに
差し迫った運命を察知できただろうに
だれもが他者のことを考える　まだ仕返しはしていないが
そんなことはどうでもいいと

シカを追って猟犬が飛び出していく
この世のものとは思えぬほどの速さで
しかし　罪の意識を感じて
この日はあたりをぶらつくばかり
だれもが他者のことを考える　まだ仕返しはしていないが
そんなことはどうでもいいと

子ヒツジがオオカミに　たやすくかぶりつく
オオカミがもがいている　恐怖からではないが
このままでは子ヒツジの餌食になると
遠吠えが聞こえてくる
だれもが他者のことを考える　まだ仕返しはしていないが
そんなことはどうでもいいと

お願いだ　考える力が欲しい　やさしさが欲しい
感情が欲しい　感覚が欲しい
理解する力が欲しい　一方通行ではなく
互いに譲り合いたい
わたしには理解する気持ちがある

静かに座り10分が経ったら、キャンドルの火を消します。
この儀式を毎晩、7夜連続で繰り返し行います。

第 2 部

キリスト教化された儀式

Christian Rituals

浮気
AFFAIR

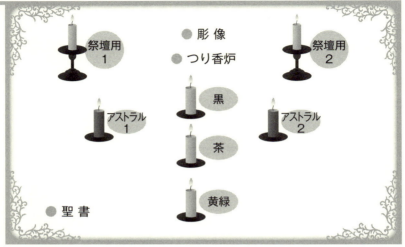

不倫関係を終わらせるには

　祭壇用のキャンドル1と2に火をともします。
　お香をたきます。
　黒色のキャンドルに火をともし、不倫関係が終わることについて考えます。
　アストラルキャンドル1（不倫での男性のアストラルカラー）に火をともしながら、その男性のことを考えます。
　アストラルキャンドル2（不倫での女性のアストラルカラー）に火をともしながら、その女性のことを考えます。
　茶色のキャンドルに火をともし、2人の間の愛が色あせていくこと、2人の間の疑念や緊張感について考えます。
　黄緑色のキャンドルに火をともし、2人が互いに対して怒っていること、互いに対して嫉妬していること、2人の間に全体的な不和

があることについて考えます。
　そしてこう唱えます。

　　（旧訳聖書　詩篇　第3篇）
　　主よ　わたしに敵する者のいかに多いことでしょう
　　わたしに逆らって立つ者が多く
　「彼には神の助けがない」と
　　わたしについて言う者が多いのです　（セラ［休止］）
　　しかし主よ　あなたはわたしを囲む盾　わが栄え
　　わたしの頭を　もたげてくださる方です
　　わたしが声をあげて主を呼ばわると
　　主は聖なる山からわたしに答えられる　（セラ［休止］）
　　わたしは伏して眠り　また目をさます
　　主がわたしを支えられるからだ
　　わたしを囲んで立ち構える
　　千万（ちよろず）の民をもわたしは恐れない
　　主よ　お立ちください
　　わが神よ　わたしをお救いください
　　あなたはわたしのすべての敵の頬を打ち
　　悪しき者の歯を折られるのです
　　救いは主のものです
　　どうかあなたの祝福が
　　あなたの民の上にありますように　（セラ［休止］）

　座って、不倫関係が終わり、2人が別々の道を歩むことについて熟考します。
　こうして約10分間集中したら、キャンドルの火を消します。
　この儀式は毎週土曜日に繰り返し行います。そのたびに2本のア

ストラルキャンドルを2～3センチずつ、外側のほうへずらしていきます。最後に2本のキャンドルがそれぞれ祭壇の両端に来るまで続けましょう。

お守り
AMULET

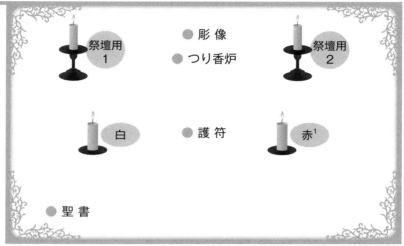

お守りや護符の聖別

　この儀式の目的は、護符(タリスマン)、お守り(アミュレット)、または「開運のお守り(グッドラックチャーム)」を聖別することです。護符はだれかがあなたのためにつくる場合もあれば、あなた自身がつくる場合もあります。どちらかといえば、あなた自身がつくったもののほうがいいですね。

　祭壇用のキャンドル1と2に火をともします。

　お香をたきます（フランキンセンスがおススメです）。

　白色のキャンドルに火をともし、こう唱えます。

　　ここに……（名前）の誠実さが燃えている
　　護符にパワーが宿るという彼／彼女の思いが燃えている
　　その炎のように強く　けっして朽ちることはない

赤色[1]のキャンドルに火をともし、こう唱えます。

  ここで愛[1]が　護符のなかに入り込む
  なぜなら　護符が愛のパワーを
  たくわえる場所だから

　護符を手に取り、端っこを持って白色のキャンドルの炎に３回くぐらせたら、護符の両面が炎に触れるように、裏返しにして同じように炎にくぐらせます（くれぐれも手にやけどをしないように！）。そうしたら、こう唱えます。

  ありとあらゆる汚れが宿る護符
  そんな護符を炎で清めよう

　次に護符をお香の煙に３回くぐらせ、こう唱えます。

  そして神の御力（みちから）を借り
  わたしは香をたき　護符を清め　目標に備えよう

　今度は護符を手にとって、右手でしっかりとつかみ（左利きの人は左手で）、こう唱えます。

  この護符に　わたしは愛を吹き込もう
  だれが身に着けようと　おそれ多きパワーを感じるように
  パワーはつねに身に着ける者とともにある
  その者が身に着けているかぎり

1　このキャンドルの色と目的は護符の目的によって変わってきます（赤色は愛情、青は健康、緑は多産など）。

次に護符を赤色のキャンドルの炎に３回くぐらせ、こう唱えます。

　　ここにその愛がある
　　護符のなかですっかり清められた愛がある

　護符を白色のキャンドルと赤色のキャンドルの間に寝かせ、キャンドルの火を消します。
　護符はそのまま触らないようにして、３時間ほど待ちます。その後、持ち主が持っていくか、身に着けるかします。肌に直接触れるようにして身に着けるのがよいでしょう。

BAD HABIT

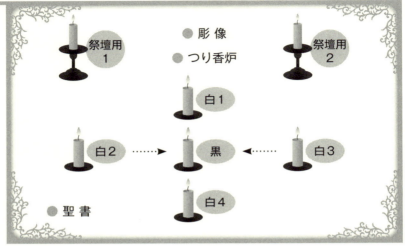

悪習を断つには

祭壇用のキャンドル1と2に火をともします。お香をたきます。
　黒色のキャンドルに火をともし、克服する悪習について考えます。
　白色のキャンドル1、2、3、4に火をともし、悪習が徐々に消えてなくなり、最後には断ち切れていることを考えます。そしてこう唱えます。

（旧訳聖書　詩篇　第26篇）
　主よ　わたしを裁いてください
　わたしは誠実に歩み
　迷うことなく主に信頼しています
　主よ　わたしをためし　わたしを試み
　わたしの心と思いとを練り清めてください

あなたの慈しみはわたしの目の前にあり
わたしはあなたの誠によって歩みました
わたしは偽る人々とともに座らず
偽善者と交わらず
悪を行う者の集いを憎み
悪しき者とともに座ることをしません
主よ　わたしは手を洗って　罪のないことを示し
あなたの祭壇をめぐって
感謝の歌を声高くうたい
あなたの奇(く)しき御業(みわざ)をことごとく述べ伝えます
主よ　わたしはあなたの住まわれる家と
あなたの栄光のとどまる所を愛します
どうか　わたしを罪びととともに
わたしの生命(いのち)を　血を流す人々とともに
取り去らないでください
彼らの手には悪い企てがあり
彼らの右の手は　賂(まいな)いで満ちています
しかしわたしは誠実に歩みます
わたしを贖(あがな)い　わたしを憐れんでください
わたしの足は平らかな所に立っています
わたしは会衆のなかで主をたたえましょう

　15分の間座って休んだら、キャンドルの火を消します。黒色のキャンドルの火を最初に消します。
　この儀式は毎週、同じ時間に繰り返し行いますが、そのたびに白色のキャンドル2本をそれぞれ黒色のキャンドルのほうへ数センチずつ動かしていきます。白色のキャンドルが黒色のキャンドルにくっつくまで、毎週これを続けましょう。

不和
CONDITIONS

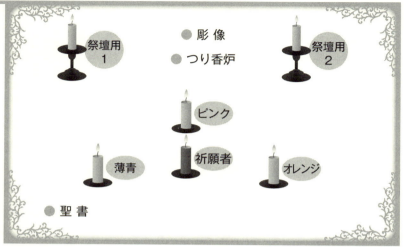

家庭内のもめ事を解決するには

　祭壇用のキャンドル1と2に火をともします。
　お香をたきます。
　これから何をするべきかについて熟考します。
　祈願者のキャンドルに火をともし、祈願者のことを一心に考えます。
　薄青色、ピンク色、オレンジ色のキャンドルにそれぞれ順番に火をともし、問題の家庭内での心の安らぎや落ち着きについて考えます。
　しばらくの間沈思したら、こう唱えます。

　（旧訳聖書　詩篇　第1章）
　悪しき者の計りごとに歩まず

罪びとの道に立たず
　　あざける者の座にすわらぬ人は幸いである
　　このような人は主の掟(おきて)をよろこび
　　昼も夜もその掟を思う
　　このような人は流れのほとりに植えられた木の
　　時が来ると実を結び
　　その葉もしぼまないように
　　そのなすところは皆栄える
　　悪しき者はそうでない
　　風の吹き去るもみがらのようだ
　　それゆえ　悪しき者はさばきに耐えない
　　罪びとは正しい者の集いに立つことができない
　　主は正しい者の道を知られる
　　しかし　悪しき者の道は滅びる

　キャンドルを15分の間そのまま燃やしておき、その間に上記の詩篇を何度も読み返します。その時間が過ぎたら、キャンドルの火を消します。
　この儀式は、3夜連続で行いましょう。

死
DEATH

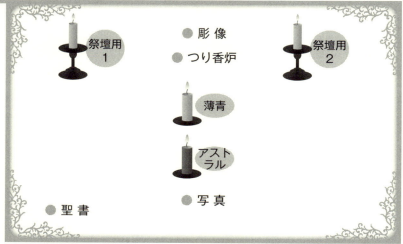

亡き人のために

（注記：この儀式は、故人のアストラルキャンドルの前にその人の写真を置いて行います。）

　祭壇用のキャンドル1と2に火をともします。
　お香をたきます。
　故人のアストラルキャンドルに火をともし、その人との一番の思い出に思いをはせます。
　薄青色のキャンドルに火をともし、心の安らぎと落ち着きについて考え、こう唱えます。

　　（旧訳聖書　雅歌　第2章）
　　わたしはシャロンのバラ　谷のユリ

乙女たちのうちにわが愛する者のあるのは
いばらのなかにユリの花があるようだ
わが愛する者の若人たちのなかにあるのは
林の木のなかにリンゴの木があるようだ
わたしは大きな喜びをもって　彼の陰に座った
彼の与える実はわたしの口に甘かった
彼はわたしを酒宴の家に連れていった
わたしの上にひるがえる彼の旗は愛であった
干ブドウをもって　わたしに力をつけ
リンゴをもって　わたしに元気をつけてくれ
わたしは愛のために病みわずらっているのだ
どうか　彼の左の手がわたしの頭の下にあり
右の手がわたしを抱いてくれるように
エルサレムの娘たちよ
わたしは　カモシカと野の雌ジカを指して
あなたがたに誓い　お願いする
愛のおのずから起こるときまでは
ことさらに呼び起すことも　さますこともしないように
わが愛する者の声が聞こえる
見よ　彼は山を飛び　丘を踊り越えてくる
わが愛する者はカモシカのごとく　若い雄ジカのようだ
見よ　彼はわたしたちの壁の後ろに立ち
窓からのぞき　格子からうかがっている
わが愛する者はわたしに語って言う

「わが愛する者よ　わが麗しき者よ　立って　出てきなさい
　見よ　冬は過ぎ　雨もやんで　すでに去り
　もろもろの花は地にあらわれ

鳥のさえずるときが来た
　　山バトの声がわれわれの地に聞こえる
　　イチジクの木はその実を結び
　　ブドウの木は花咲いて　芳しい匂いを放つ
　　わが愛する者よ　わが麗しき者よ　立って　出てきなさい
　　岩の裂け目　崖の隠れ場におるわがハトよ
　　あなたの顔を見せなさい　あなたの声を聞かせなさい
　　あなたの声は愛らしく　あなたの顔は美しい
　　われわれのためにキツネを捕えよ
　　ブドウ園を荒らす小ギツネを捕えよ
　　われわれのブドウ園は花盛りだから」と

　　わが愛する者はわたしのもの　わたしは彼のもの
　　彼はユリの花のなかで　その群れを養っている
　　わが愛する者よ　日の涼しくなるまで
　　影の消えるまで　身をかえして出ていって
　　険しい山々の上で　カモシカのように
　　若い雄ジカのようになっておくれ

　キャンドルを30分の間そのまま燃やしておき、そのあとでキャンドルの火を消します。この儀式は毎晩、最低でも9夜連続で行います——お望みならもっと続けてもいいですよ。
　長時間燃えるキャンドルも手に入りますので、この儀式では、できればアストラルキャンドルと薄青色のキャンドルにはそのようなキャンドルを使いましょう。

D R E A M S

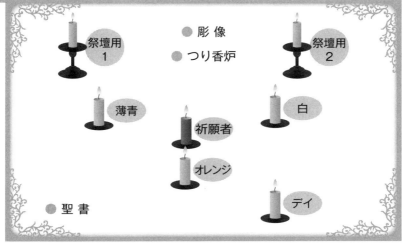

夢を誘うには

　祭壇用のキャンドル1と2に火をともします。
　デイキャンドルに火をともします。
　お香をたきます。
　祈願者のキャンドルに火をともし、祈願者に思いをはせます。
　薄青色のキャンドルに火をともし、心の安らぎと落ち着きについて考えます。
　オレンジ色のキャンドルに火をともし、あなたはどんな夢を見たいと願っているのかについて考えます。
　白色のキャンドルに火をともし、あなたの夢の真実に思いをはせます。そしてこう唱えます。

（旧訳聖書　詩篇　第11篇）
　わたしは主に寄り頼む
　なにゆえ　あなたがたはわたしに向かって言うのか
「鳥のように山にのがれよ
　見よ　悪しき者は　暗闇(くらやみ)で
　心の直き者を射ようと弓を張り
　弦(つる)に矢をつがえている
　基が取りこわされるならば
　正しい者は何をなし得ようか」と
　主はその聖なる宮にいまし　主のみくらは天にあり
　その目は人の子らを見(み)そなわし
　そのまぶたは人の子らを調べられる
　主は正しき者をも　悪しき者をも調べ
　その御心(みこころ)は乱暴を好む者を憎まれる
　主は悪しき者の上に炭火と硫黄とを降らせられる
　燃える風は彼らがその杯に受(う)くべきものである
　主は正しくいまして
　正しいことを愛されるからである
　直き者は主の御顔(みかお)を仰ぎ見るであろう

　数分間そのまま座ってじっとしていてから、キャンドルの火を消します。この儀式は、夢が見たくなったとき、夜ベッドに入る前に行いましょう。

敵
ENEMY

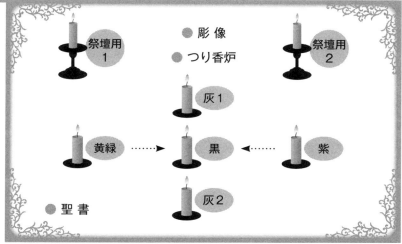

圧力をかけて敵を追い込むには

　祭壇用のキャンドル1と2に火をともします。
　お香をたきます。
　黒色のキャンドルに火をともし、敵のことを考えます。
　灰色のキャンドル1と2に火をともし、欲求不満について、膠着状態になっていることについて考えます。
　黄緑色のキャンドルに火をともし、怒りや不和、病気、恐怖に思いをはせます。
　紫色のキャンドルに火をともし、不安や緊張感に思いをはせます。
　しばらくの間、あなたの敵がすっかり孤独を感じていること、自分に自信が持てずにいること、不安にかられ、怯えていることに思いをはせます。そしてこう唱えます。

（旧訳聖書　詩篇　第70篇）
　　神よ　御心ならばわたしをお救いください
　　主よ　速やかにわたしをお助けください
　　わたしのいのちをたずね求める者どもを
　　恥じ慌てさせてください
　　わたしの損なわれることを願う者どもを
　　後ろに退かせ　恥を負わせてください
　「あはぁ　あはぁ」と言う者どもを
　　自分の恥によって恐れおののかせてください
　　すべてあなたをたずね求める者は
　　あなたによって喜び楽しむように
　　あなたの救いを愛する者は
　　つねに「神は大いなるかな」と唱えるように
　　しかし　わたしは貧しく　かつ乏しい
　　神よ　急いでわたしに来てください
　　あなたはわが助け　わが救主です
　　主よ　ためらわないでください

　黒色のキャンドルの火を吹いて消します。
　しばらくの間座って、あなたの敵が混乱していることを想像します。
　続いて黒色のキャンドルに再び火をともし、こう唱えます。

　　神よ　御心ならばわたしをお救いください
　　主よ　速やかにわたしをお助けください
　　わたしのいのちをたずね求める者どもを
　　恥じ慌てさせてください
　　わたしの損なわれることを願う者どもを

後ろに退かせ　恥を負わせてください
「あはぁ　あはぁ」と言う者どもを
　自分の恥によって恐れおののかせてください
　すべてあなたをたずね求める者は
　あなたによって喜び楽しむように
　あなたの救を愛する者は
　つねに「神は大いなるかな」ととなえるように
　しかし　わたしは貧しく　かつ乏しい
　神よ　急いでわたしに来てください
　あなたはわが助け　わが救主です
　主よ　ためらわないでください

　もう一度座って、あなたの敵が完全に混乱していることを想像します。
　翌日の夜、再びこの儀式を繰り返し行いますが、黄緑色のキャンドルと紫色のキャンドルを５～６センチずつ、真ん中のほうへ近づけていきます。そして２本のキャンドルがくっつくまで、毎晩これを繰り返しましょう。

邪　心
EVIL

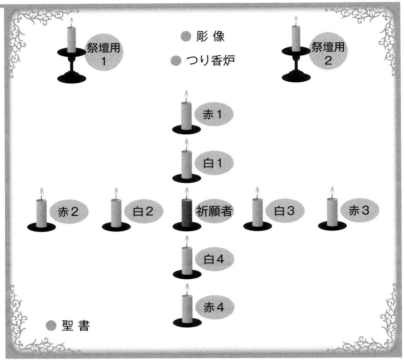

邪悪な心から身を守るには
（ひとの「呪いを解く」には）

　祭壇用のキャンドル1と2に火をともします。
　お香をたきます。フランキンセンスがおススメです。
　祈願者のキャンドルに火をともしながら、白装束に身を包んだ祈願者をイメージします。
　白色のキャンドル1、2、3、4に火をともし、純粋さや真実について考えます。

赤色のキャンドル1、2、3、4に火をともし、邪心に打ち勝つ力強さ、健康や権力について考えたら、こう唱えます。

　（旧訳聖書　詩篇　第93篇）
　主は王となり
　威光の衣をまとわれます
　主は衣をまとい　力をもって帯とされます
　まことに　世界は堅く立って
　動かされることはありません
　あなたの位はいにしえより堅く立ち
　あなたはとこしえよりいらせられます
　主よ　大水は声を上げました
　大水はその声を上げました
　大水はそのとどろく声を上げます
　主は高きところにいらせられて
　その勢いは多くの水のとどろきにまさり
　海の大波にまさって盛んです
　あなたのあかしはいとも確かです
　主よ　聖なることはとこしえまでも
　あなたの家にふさわしいのです

　キャンドルは、やがて消えてなくなるまで、そのまま燃やし続けましょう。

恐　怖
FEAR

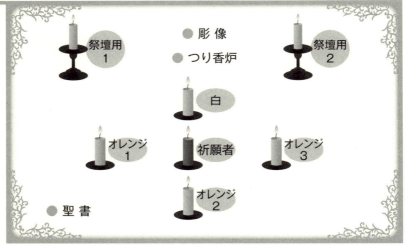

恐怖に打ち勝つには

　祭壇用のキャンドル１と２に火をともします。お香をたきます。恐怖に打ち勝つことに考えを集中させます。
　祈願者のキャンドルに火をともしながら、祈願者に思いをはせます。
　白色のキャンドルに火をともしながら、力強さや純粋さについて考えます。
　オレンジ色のキャンドル１、２、３に火をともしながら、自信、恐怖に打ち勝つ能力、性格の強さについて考えます。
　しばらくの間沈思したら、こう唱えます。

　（旧約聖書　詩篇　第31篇）
　　主よ　わたしはあなたに寄り頼みます

とこしえにわたしを辱めず

あなたの義をもってわたしをお助けください

あなたの耳をわたしに傾けて

速やかにわたしをお救いください

わたしのために逃(のがれ)の岩となり

わたしを救う堅固な城となってください

まことに　あなたはわたしの岩　わたしの城です

御名(みな)のためにわたしを引き　わたしを導き

わたしのために密に設けた網から

わたしを取り出してください

あなたはわたしの避け所です

わたしは　わが魂を御手(みて)にゆだねます

主　まことの神よ

あなたはわたしをあがなわれました

あなたは虚しい偶像に心を寄せる者を憎まれます

しかしわたしは主に信頼し

あなたの慈しみを喜び楽しみます

あなたがわたしの苦しみをかえりみ

わたしの悩みに御心(みこころ)をとめ

わたしを敵の手に渡さず

わたしの足を広いところに立たせられたからです

主よ　わたしを憐れんでください

わたしは悩み苦しんでいます

わたしの目は憂いによって衰え

わたしの魂も　身体もまた衰えました

わたしのいのちは悲しみによって消えゆき

わたしの年は嘆きによって消え去り

わたしの力は苦しみによって尽き

わたしの骨は枯れ果てました
わたしはすべての仇に誹られる者となり
隣り人には恐れられ
知り人には恐るべき者となり
ちまたでわたしを見る者は避けて逃げます
わたしは死んだ者のように人の心に忘れられ
破れた器のようになりました
まことに　わたしは多くの人のささやくのを聞きます
「至るところに恐るべきことがある」と
彼らはわたしに逆らってともに計り
わたしのいのちを取ろうと　たくらむのです
しかし　主よ　わたしはあなたに信頼して　言います
「あなたはわたしの神である」と
わたしの時はあなたの御手にあります
わたしをわたしの敵の手と
わたしを責め立てる者から救い出してください
御顔をしもべの上に輝かせ
慈しみをもってわたしをお救いください
主よ　わたしはあなたに呼ばわります
わたしを辱めないでください
悪しき者に恥をうけさせ
彼らに声を上げさせずに陰府に行かせてください
高ぶりと侮りとをもって正しい者をみだりに誹る
偽りのくちびるをつぐませてください
あなたを恐れる者のためにたくわえ
あなたに寄り頼む者のために
人の子らの前に施されたあなたの恵みは
いかに大いなるものでしょう

あなたは彼らを御前(みまえ)の密なところに隠して

　人々のはかりごとを免れさせ

　また仮屋のうちに潜ませて

　舌の争いを避けさせられます

　主は褒むべきかな

　包囲された町のようにわたしが囲まれたとき

　主は驚くばかりに　慈しみをわたしに示された

　わたしは驚き慌てて言った

「わたしはあなたの目の前から断たれた」と

　しかしわたしがあなたに助けを呼び求めたとき

　わたしの願いを聞き入れられた

　すべての聖徒よ　主を愛せよ

　主は真実な者を守られるが

　おごりふるまう者にはしたたかに報いられる

　すべて主を待ち望む者よ

　強くあれ　心を雄々しくせよ

5分の間座って沈思したら、キャンドルの火を消します。
これを毎晩、9夜連続で行いましょう。

幸福
HAPPINESS

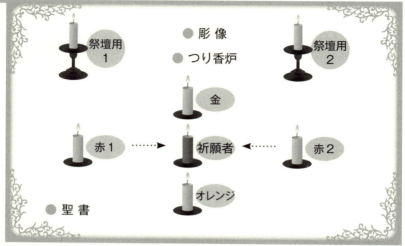

幸福を勝ち取る、または持続させるには

　祭壇用のキャンドル1と2に火をともします。
　お香をたきます。
　祈願者のキャンドルに火をともし、祈願者に思いをはせます。
　金色のキャンドルとオレンジ色のキャンドルに火をともし、祈願者が自分自身に幸福を引き寄せていることを想像します。赤色のキャンドル1と2に火をともし、祈願者が望み、祈願者にふさわしい幸福のすべてについて考えます。
　この幸福のすべてが祈願者の体内に流れ込んでくることを想像しながら、こう唱えます。

　（旧約聖書　詩篇　第11篇）
　　わたしは主に寄り頼む

なにゆえ　あなたがたはわたしに向かって言うのか
「鳥のように山に逃(のが)れよ
　見よ　悪しき者は　暗闇(くらやみ)で
　心の直き者を射ようと弓を張り
　弦(つる)に矢をつがえている
　基が取りこわされるならば
　正しい者は何をなし得ようか」と
　主はその聖なる宮にいまし　主のみくらは天にあり
　その目は人の子らを見(み)そなわし
　そのまぶたは人の子らを調べられる
　主は正しき者をも　悪しき者をも調べ
　その御心(みこころ)は乱暴を好む者を憎まれる
　主は悪しき者の上に炭火と硫黄とを降らせられる
　燃える風は彼らがその杯に受(う)べきものである
　主は正しくいまして
　正しいことを愛されるからである
　直き者は主の御顔(みかお)を仰ぎ見るであろう

　15分の間座って、祈願者のものである幸福について考えます。続いて、キャンドルの火を消します。この儀式は毎晩繰り返し行いますが、そのたびに２本の赤色のキャンドルをそれぞれ５〜６センチずつ、祈願者のキャンドルのほうへ近づけていきます。最後に２本のキャンドルが祈願者のキャンドルにくっつくまでこれを続けましょう。

癒し
HEALING

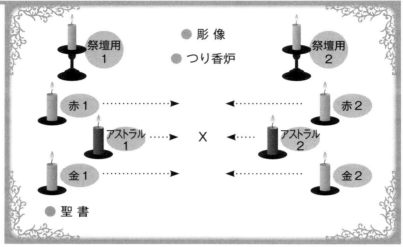

不幸せな結婚生活を修復するには

　祭壇用のキャンドル1と2に火をともします。
　お香をたきます。
　これから何をするべきかについて熟考します。
　アストラルキャンドル1、赤色のキャンドル1、金色のキャンドル1に火をともし、夫のことを考えます。
　アストラルキャンドル2、赤色のキャンドル2、金色のキャンドル2に火をともし、妻のことを考えます。そしてこう唱えます。

　　（旧訳聖書　雅歌　第3章）
　　わたしは夜　床の上で　わが魂の愛する者を訪ねた
　　わたしは彼を訪ねたが　見つからなかった
　　わたしは彼を呼んだが　答えがなかった

「わたしは今起きて　町をまわり歩き
　街路や広場で　わが魂の愛する者を訪ねよう」と
　彼を訪ねたが　見つからなかった
　町をまわり歩く夜回りたちに出会ったので
「あなたがたは　わが魂の愛する者を見ましたか」とたずねた
　わたしが彼らと別れて行くとすぐ
　わが魂の愛する者に出会った
　わたしは彼を引きとめて行かせず
　ついにわが母の家につれて行き
　わたしを産んだ者の部屋に入った
　エルサレムの娘たちよ
　わたしは　カモシカと野の雌ジカを指して
　あなたがたに誓い　お願いする
　愛のおのずから起こるときまでは　ことさらに呼び起すことも
さますこともしないように
　没薬　乳香など　商人のもろもろの香料をもって
　香りを放ち　煙の柱のように　荒野から上ってくるものは何か
　見よ　あれはソロモンの乗物で
　六十人の勇士がそのまわりにいる
　イスラエルの勇士で
　皆　つるぎをとり　戦いをよくし
　おのおの腰につるぎを帯びて　夜の危険に備えている
　ソロモン王はレバノンの木をもって
　自分のために輿(こし)をつくった
　その柱は銀　その後ろは金
　その座は紫の布でつくった
　その内部にはエルサレムの娘たちが
　愛情を込めてつくったものを張りつけた

シオンの娘たちよ　出てきてソロモン王を見よ
　　彼は婚姻の日　心の喜びの日に
　　その母の彼にかぶらせた冠をいただいている

　この儀式を1晩おきに、9日間行いますが、そのたびにキャンドル1のグループとキャンドル2のグループを2～3センチずつ、互いに近づけていきます。

健康
HEALTH

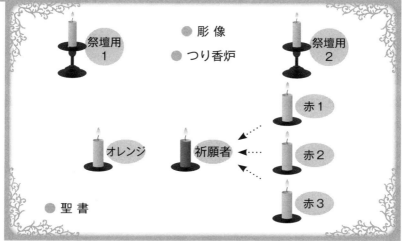

健康を取り戻す（または保つ）には

　祭壇用のキャンドル1と2に火をともします。
　お香をたきます。
　祈願者のキャンドルに火をともし、祈願者をイメージします。
　オレンジ色のキャンドルに火をともし、励みになることや引きつけられることについて考えます。
　赤色のキャンドル1、2、3に火をともし、力強さや健康について考えます。
　力強さや健康がすべて祈願者の体内に流れ込んでくることを想像しながら、こう唱えます。

　（旧訳聖書　詩篇　第23篇）
　　主はわたしの牧者であって

わたしには乏しいことがない
主はわたしを緑の牧場に伏させ
いこいのみぎわに伴われる
主はわたしの魂を生き返らせ
御名(みな)のためにわたしを正しい道に導かれる
たといわたしは死の陰の谷を歩むとも
災いを恐れません
あなたがわたしとともにおられるからです
あなたの鞭と　あなたの杖はわたしを慰めます
あなたはわたしの敵の前で　わたしの前に宴(うたげ)を設け
わたしの頭(こうべ)に油を注がれる
わたしの杯はあふれます
わたしの生きているかぎりは
かならず恵みと慈しみとが伴うでしょう
わたしはとこしえに主の宮に住むでしょう

　静かに座って、祈願者が素晴らしい健康を享受していること、そしてこれからも享受することについて沈思します。それからさらに10～15分の間座って休んだら、キャンドルの火を消します。この儀式を7週連続で、金曜日の夜に行いますが、そのたびに3本の赤色のキャンドルを少しずつ、祈願者のキャンドルのほうへ近づけていきます。そして7回目の金曜日に、それらのキャンドルがすべてくっつくようにします。

嫉妬
JEALOUSY

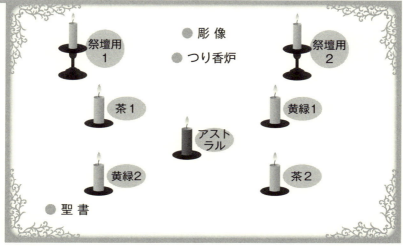

嫉妬心をかき立てるには

　祭壇用のキャンドル1と2に火をともします。
　お香をたきます。
　嫉妬心をかき立てたいと思っている相手のアストラルキャンドルに火をともします。その人（彼または彼女）のことを一心に考えます。茶色のキャンドル1と2に火をともしながら、不確実さやためらいについて考えます。
　黄緑色のキャンドル1と2に火をともし、病気、嫉妬、不和について考えます。そしてこう唱えます。

　（旧訳聖書　詩篇　第63篇）
　　神よ　あなたはわたしの神
　　わたしは切にあなたをたずね求め

わが魂はあなたをかわき望む

水なき　かわき衰えた地にあるように

わが肉体はあなたを慕いこがれる

それでわたしはあなたの力と栄えとを見ようと

聖所(せいじょ)にあって目をあなたに注いだ

あなたの慈しみは　いのちにもまさるゆえ

わがくちびるはあなたを褒めたたえる

わたしは生きながらえる間　あなたを褒め

手を挙げて　御名(みな)を呼びまつる

わたしが床の上であなたを思い出し

夜の更(ふ)けるままにあなたを深く思うとき

わたしの魂は髄と脂(あぶら)とをもって

もてなされるように飽き足り

わたしの口は喜びのくちびるをもって

あなたを褒めたたえる

あなたはわたしの助けとなられたゆえ

わたしはあなたの翼の陰で喜び歌う

わたしの魂はあなたにすがりつき

あなたの右の手はわたしを支えられる

しかしわたしの魂を滅ぼそうと　たずね求める者は

地の深きところに行き

剣(つるぎ)の力にわたされ　山犬の餌食となる

しかし王は神にあって喜び

神によって誓う者はみな誇ることができる

偽りを言う者の口はふさがれるからである

　　キャンドルの火を消します。
　　この儀式を3週間、毎月曜日と土曜日に行いましょう。

愛 情
LOVE

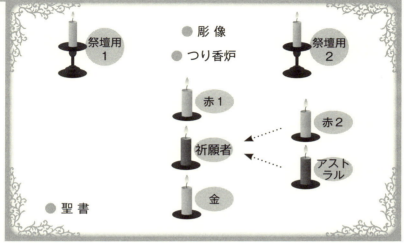

異性の愛情を勝ち取るには

　祭壇用のキャンドル1と2に火をともします。
　お香をたきます。
　沈思します。
　祈願者のキャンドルに火をともし、彼または彼女のことを考えます。
　赤色のキャンドル1に火をともし、祈願者の愛情と力強さに思いをはせます。
　金色のキャンドルに火をともし、祈願者が持つ大きな魅力——彼または彼女はどれほど人々を惹きつけているか——について考えます。
　祈願者が愛情を勝ち取りたいと思っている相手のアストラルキャンドルに火をともし、その人（彼または彼女）に思いをはせながら

彼または彼女をイメージします。

　赤色のキャンドル2に火をともし、その人が祈願者に示した愛情について考えます。もし祈願者が男性なら、こう唱えましょう。

　　（旧訳聖書　雅歌　第6章）
　　女のうちの最も美しい者よ
　　あなたの愛する者はどこへ行ったか
　　あなたの愛する者はどこへ赴いたか
　　わたしたちはあなたと一緒に訪ねよう
　　わが愛する者は園のなかで　群れを飼い
　　またユリの花を取るために自分の園に下り
　　かんばしい花の床へ行きました
　　わたしはわが愛する人のもの
　　わが愛する者はわたしのものです
　　彼はユリの花のなかで　その群れを飼っています
　　わが愛する者よ　あなたは美しいことテルザのごとく
　　麗(うるわ)しいことエルサレムのごとく
　　恐るべきこと旗を立てた軍勢のようだ
　　あなたの目はわたしを恐れさせるゆえ
　　わたしから背(そむ)けてください
　　あなたの髪はギレアデの山を下る
　　ヤギの群れのようだ
　　あなたの歯は洗い場から上ってきた
　　雌ヒツジの群れのようだ
　　みな二子を産んで　一匹も子のないものはない
　　あなたの頬(ほお)は顔おおいの後ろにあって
　　ザクロの片割れのようだ
　　王妃は六十人　そばめは八十人

また数しれぬ乙女がいる
　　わがハト　わが全き者はただひとり
　　彼女は母のひとり子　彼女を産んだ者の最愛の者だ
　　乙女たちは彼女を見て　幸いな者ととなえ
　　王妃たち　そばめたちもまた　彼女を見て　褒めた
「この東雲のように見え
　　月のように美しく　太陽のように輝き
　　恐るべきこと　旗を立てた軍勢のような者はだれか」
　　わたしは谷の花を見　ブドウが芽ざしたか
　　ザクロの花が咲いたかを見ようと
　　クルミの園へ下っていった
　　わたしの知らないうちに　わたしの思いは
　　わたしを車のなかのわが君のかたわらにおらせた
　　帰れ　帰れ　シュラムの女よ
　　帰れ　帰れ　わたしたちはあなたを見たいものだ
　　あなたがたはどうしてマハナイムの踊りを見るように
　　シュラムの女を見たいのか

もし祈願者が女性なら、こう唱えましょう。

　　（旧訳聖書　雅歌　第8章）
　　どうか　あなたは
　　わが母の乳ぶさを吸った
　　わが兄弟のようになってください
　　わたしが外であなたに会うとき
　　あなたに口づけしても
　　だれもわたしを卑しめないでしょう
　　わたしはあなたを導いて　わが母の家に行き

わたしを産んだ者の部屋に入り
香料の入ったブドウ酒　ザクロの液を
あなたに飲ませましょう
どうか　彼の左の手がわたしの頭の下にあり
右の手がわたしを抱いてくれるように
エルサレムの娘たちよ
わたしはあなたがたに誓い　お願いする
愛のおのずから起こるときまでは
ことさらに呼び起すことも
さますこともしないように
自分の愛する者に寄りかかって
荒野から上って来る者はだれですか
リンゴの木の下で　わたしはあなたを呼びさました
あなたの母上は　かしこで
あなたのために産みの苦しみをなし
あなたの産んだ者が　かしこで産みの苦しみをした
わたしをあなたの心に置いて印のようにし
あなたの腕に置いて印のようにしてください
愛は死のように強く
ねたみは墓のように残酷だからです
そのきらめきは火のきらめき　最も激しい炎です
愛は大水も消すことができない
洪水もおぼれさせることができない
もし人がその家の財産をことごとく与えて
愛に換えようとするならば
いたく卑しめられるでしょう
わたしたちに小さい妹がある　まだ乳ぶさがない
わたしたちの妹に縁談のある日には

彼女のために何をしてやろうか
彼女が城壁であるなら　その上に銀の塔を建てよう
彼女が戸であるなら　香柏(こうはく)の板でそれを囲もう
わたしは城壁　わたしの乳ぶさは
やぐらのようでありました
それでわたしは彼の目には
平和をもたらす者のようでありました
ソロモンはバアルハモンにブドウ園を持っていた
彼はブドウ園を　守る者どもに預けて
おのおのその実のために銀一千を納めさせた
わたしのものであるブドウ園は　わたしの前にある
ソロモンよ　あなたは一千を獲るでしょう
その実を守る者どもは二百を獲るでしょう
園のなかに住む者よ
わたしの友だちはあなたの声に耳を傾けます
どうぞ　それをわたしに聞かせてください
わが愛する者よ　急いでください
かんばしい山々の上で　カモシカのように
また若い雄ジカのようになってください

　翌日、赤色のキャンドル2とアストラルキャンドルを左のほうへ2～3センチずつずらしてから、この儀式を繰り返し行います。赤色のキャンドル2とアストラルキャンドルが祈願者のキャンドルにくっつくまで、毎日続けましょう。

幸運
LUCK

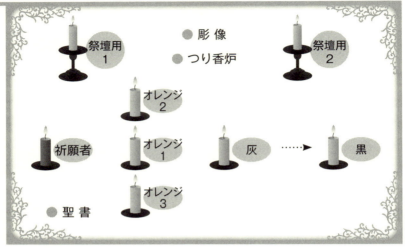

ひとの運勢を変えるには

　祭壇用のキャンドル1と2に火をともします。お香をたきます。
　祈願者のキャンドルに火をともし、祈願者をイメージします。オレンジ色のキャンドル1、2、3に火をともし、祈願者を励ますこと、祈願者の運勢が変わっていくこと、良い方向に変わっていくことを考えます。黒色のキャンドルに火をともし、悪運が消えてなくなっていくことを考えます。
　灰色のキャンドルに火をともし、すべての悪運が相殺されること、悪運の効果がなくなって幸運に変わっていくことを考えます。そしてこう唱えます。

　　（旧訳聖書　詩篇　第62篇3、4、11、12）
　　あなたがたは　いつまで人に押し迫るのか

あなたがたは皆　傾いた石垣のように
　　揺り動く間垣のように人を倒そうとするのか
　　彼らは人を尊い地位から落そうとのみ計り
　　偽りを喜び　その口では祝福し
　　心のうちでは呪うのである　（セラ［休止］）
　　神はひとたび言われた　わたしは再びこれを聞いた
　　力は神に属することを
　　主よ　慈しみもまたあなたに属することを
　　あなたは人おのおのの業(わざ)に従って報いられるからである

　黒色のキャンドルの火を吹き消します。しばらくの間座って休んだら、黒色のキャンドルに再び火をともします。そして再びこう唱えます。

　　あなたがたは　いつまで人に押し迫るのか
　　あなたがたは皆　傾いた石垣のように
　　揺り動く間垣のように人を倒そうとするのか
　　彼らは人を尊い地位から落そうとのみ計り
　　偽りを喜び　その口では祝福し
　　心のうちでは呪うのである　（セラ［休止］）
　　神はひとたび言われた　わたしは再びこれを聞いた
　　力は神に属することを
　　主よ　慈しみもまたあなたに属することを
　　あなたは人おのおのの業(わざ)に従って報いられるからである

　黒色のキャンドルの火を吹き消します。しばらくの間座って休んだら、黒色のキャンドルに再び火をともします。そしてもう一度こう唱えます。

あなたがたは　いつまで人に押し迫るのか
　　あなたがたは皆　傾いた石垣のように
　　揺り動く間垣のように人を倒そうとするのか
　　彼らは人を尊い地位から落そうとのみはかり
　　偽りを喜び　その口では祝福し
　　心のうちでは呪うのである　（セラ［休止］）
　　神はひとたび言われた　わたしは再びこれを聞いた
　　力は神に属することを
　　主よ　慈しみもまたあなたに属することを
　　あなたは人おのおのの業(わざ)に従って報いられるからである

　祈願者の運勢が悪いほうから良いほうに変わっていくことに思いを集中させます。
　キャンドルの火を消します。
　この儀式は毎晩繰り返し行いますが、そのたびに灰色のキャンドルを２～３センチずつ、黒色のキャンドルのほうにずらしていきます。これを２本のキャンドルが互いにくっつくまで続けましょう。

瞑想
MEDITATION

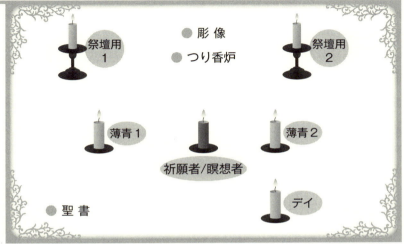

瞑想するには

　祭壇用のキャンドル1と2に火をともします。
　デイキャンドルに火をともします。
　お香をたきます。
　祈願者のキャンドルに火をともし、祈願者のことを考えます。
　薄青色のキャンドルに火をともし、心の安らぎや落ち着きについて考えながら、こう唱えます。

　　自然の秩序や　歴史の仕掛けのなかで
　　わたしたちはあなたを見つけた
　　しかし　わたしたちの暮らしのなかでは
　　あなたを知らない
　　ただ　そう遠くないところにあなたはおられる

あなたの慈悲深いお導きもなく
わたしたちが日々あくせく働くのは
わたしたち自身の過ちのせい
助けてください　お願いです　わたしたち自身で
あなたの存在　あなたの助けを現実のものにできますよう
あなたのお顔が薄暗い雲に覆われませぬように
栄光の光が　わたしたちの生きる術すべての
お導きとなりますように
今日という日が　わたしたちの喜びの日に
成長の日になりますように
そして夕暮れどきには　わたしたちが目指す
目標に近づいていることが分かりますように
助けてください　わたしたちの心の庭で
稀有な果実が実り　花が咲くなかで
あなたが託してくださった富を理解できますように
わたしたちは　大切なもののために働くときでさえ
その富の手入れに骨身を惜しむことはありません
わたしたちの暮らしの高い耕地にお越しください
そして助言をください
そして最後の収穫時には　わたしたちがより豊かになり
あなたのお気に召しますように

　あなたのお好みの瞑想スタイルで腰を下ろします（超越瞑想、タントリックヨガなど）。
　瞑想が終わったら、キャンドルの火を、ともしたときとは逆の順番で消します。

お 金
MONEY

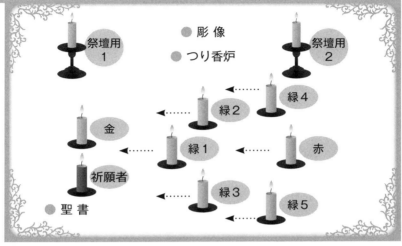

お金を手に入れるには

　祭壇用のキャンドル1と2に火をともします。お香をたきます。これから何をするべきかについて熟考します。
　祈願者のキャンドルに火をともし、祈願者をイメージします。
　金色のキャンドルに火をともし、「魅力」について考えます。
　緑色のキャンドルに、順番どおりに火をともし、「お金」のことを考えます。
　赤色のキャンドルに火をともし、これから何を成し遂げるべきかについて熟考します。
　しばらくの間瞑想したら、こう唱えます。

　（旧訳聖書　詩篇　第41篇）
　　貧しい者をかえりみる人は幸いである

主はそのような人を悩みの日に救い出される
　　主は彼を守って　生きながらえさせられる
　　彼はこの地にあって　幸いな者と呼ばれる
　　あなたは彼をその敵の欲望にわたされない
　　主は彼をその病の床で支えられる
　　あなたは彼の病むとき　その病をことごとく癒される
　　わたしは言った
「主よ　わたしを憐れみ　わたしを癒してください
　　わたしはあなたに向かって罪を犯しました」と
　　わたしの敵はわたしを誇って言う
「いつ彼は死に　その名が滅びるであろうか」と
　　そのひとりがわたしを見ようとして来るとき
　　彼は偽りを語り　その心によこしまを集め
　　外に出てはそれを言いふらす
　　すべてわたしを憎む者はわたしについてともにささやき
　　わたしのために災いを思いめぐらす
　　彼らは言う　「彼にひとつの祟りがつきまとったから
　　倒れ伏して再び起き上がらないであろう」と
　　わたしの信頼した親しい友
　　わたしのパンを食べた親しい友さえも
　　わたしに背いて踵を上げた
　　しかし主よ　わたしを憐れみ　わたしを助け起こしてください
　　そうすればわたしは彼らに報い返すことができます
　　わたしの敵がわたしに打ち勝てないことによって
　　あなたがわたしを喜ばれることをわたしは知ります
　　あなたはわたしの全きによって
　　わたしを支え　とこしえに御前に置かれます
　　イスラエルの神

主はとこしえからとこしえまで褒むべきかな
ァァメン　ァァメン

上記の詩篇の代わりに、下記の詩篇第23篇でもかまいません。

主はわたしの牧者であって
わたしには乏しいことがない
主はわたしを緑の牧場に伏させ
いこいのみぎわに伴われる
主はわたしの魂を生き返らせ
御名(みな)のためにわたしを正しい道に導かれる
たといわたしは死の陰の谷を歩むとも
災いを恐れません
あなたがわたしとともにおられるからです
あなたの鞭と　あなたの杖はわたしを慰めます
あなたはわたしの敵の前で　わたしの前に宴(うたげ)を設け
わたしの頭(こうべ)に油を注がれる
わたしの杯はあふれます
わたしの生きているかぎりは
かならず恵みと慈しみとが伴うでしょう
わたしはとこしえに主の宮に住むでしょう

　翌日、緑色のキャンドルと赤色のキャンドルを5〜6センチずつ、左のほうへずらしてから、この儀式を繰り返し行います。これを緑色のキャンドル1が金色のキャンドルと祈願者のキャンドルにくっつくまで、毎日続けましょう。

神経過敏
NERVES

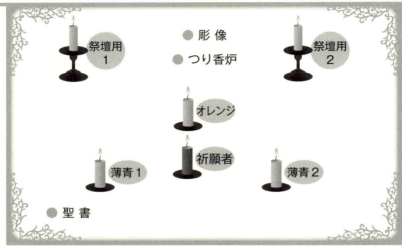

イライラを鎮め、落ち着かせるには

　祭壇用のキャンドル1と2に火をともします。
　お香をたきます。
　祈願者のキャンドルに火をともし、祈願者に思いをはせます。
　薄青色のキャンドル1と2に火をともしながら、心の安らぎや落ち着き、忍耐強さや穏やかな満足感について考えます。
　オレンジ色のキャンドルに火をともしながら、刺激や激励、和平について考え、こう唱えます。

　（旧訳聖書　詩篇　第37篇）
　　悪をなす者のゆえに　心を悩ますな
　　不義を行う者のゆえに　ねたみを起こすな
　　彼らはやがて草のように衰え

青菜のようにしおれるからである
主に信頼して善を行え
そうすればあなたはこの国に住んで　安きを得る
主によって喜びをなせ
主はあなたの心の願いをかなえられる
あなたの道を主にゆだねよ
主に信頼せよ　主はそれを成し遂げ
あなたの義を光のように明らかにし
あなたの正しいことを真昼のように明らかにされる
主の前に黙し　耐え忍びて主を待ち望め
おのが道を歩んで栄える者のゆえに
悪い計りごとを遂げる人のゆえに　心を悩ますな
怒りをやめ　憤りを捨てよ
心を悩ますな　これはただ悪を行うに至るのみだ
悪を行う者は断ち滅ぼされ
主を待ち望む者は国を継ぐからである
悪しき者はただしばらくで　うせ去る
あなたは彼の所をつぶさに訪ねても彼はいない
しかし柔和な者は国を継ぎ
豊かな繁栄を楽しむことができる
悪しき者は正しい者に向かって
計りごとをめぐらし　これに向かって歯がみする
しかし主は悪しき者を笑われる
彼の日の来るのを見られるからである
悪しき者は剣を抜き　弓を張って
貧しい者と乏しい者とを倒し
直く歩む者を殺そうとする
しかしその剣はおのが胸を刺し

その弓は折られる
正しい人の持ち物の少ないのは
多くの悪しきの者の豊かなのにまさる
悪しき者の腕は折られるが
主は正しい者を助け支えられるからである
主は全(まった)き者のもろもろの日を知られる
彼らの嗣(しぎょう)業はとこしえに続く
彼らは災いのときにも恥をこうむらず
飢饉の日にも飽き足りる
しかし　悪しき者は滅び
主の敵は牧場の栄えの枯れるように消え
煙のように消えうせる
悪しき者は物を借りて返すことをしない
しかし正しい人は寛大で　施し与える
主に祝福された者は国を継ぎ
主に呪われた者は断ち滅ぼされる
人の歩みは主によって定められる
主はその行く道を喜ばれる
たといその人が倒れても
全く打ち伏せられることはない
主がその手を助け支えられるからである
わたしは　むかし年若かったときも　年老いた今も
正しい人が捨てられ　あるいはその子孫が
食物を請い歩くのを見たことがない
正しい人は常に寛大で　物を貸し与え
その子孫は祝福を得る
悪を避けて　善を行え
そうすれば　あなたはとこしえに住むことができる

主は公義を愛し

その聖徒を見捨てられないからである

正しい者はとこしえに助け守られる

しかし　悪しき者の子孫は断ち滅ぼされる

正しい者は国を継ぎ

とこしえにそのなかに住むことができる

正しい者の口は知恵を語り

その舌は公義を述べる

その心には神の掟(おきて)があり

その歩みはすべることがない

悪しき者は正しい人をうかがい

これを殺そうと計る

主は正しい人を悪しき者の手にゆだねられない

また裁かれるとき　これを罪に定められることはない

主を待ち望め　その道を守れ

そうすれば　主はあなたを上げて　国を継がせられる

あなたは悪しき者の　断ち滅ぼされるのを見るであろう

わたしは悪しき者が勝ち誇って

レバノンの香柏のようにそびえ立つのを見た

しかし　わたしが通り過ぎると

見よ　彼はいなかった

わたしは彼を訪ねたけれども見つからなかった

全(まった)き人に目をそそぎ　直き人を見よ

おだやかな人には子孫がある

しかし罪を犯す者どもはともに滅ぼされ

悪しき者の子孫は断たれる

正しい人の救いは主から出る

主は彼らの悩みのときの避け所である

主は彼らを助け　彼らを解き放ち
　　　彼らを悪しき者どもから解き放って救われる
　　　彼らは主に寄り頼むからである

　続いて15分間ぐらい静かに座って休んだら、キャンドルの火を消します。この儀式は、必要だと思ったときに行うようにしましょう。

権 力
POWER

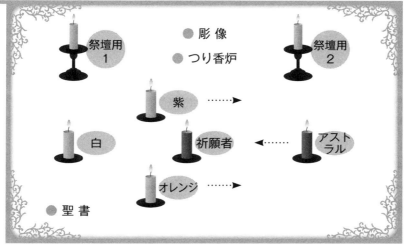

ひとを支配する権力を獲得するには

　祭壇用のキャンドル1と2に火をともします。お香をたきます。
　祈願者のキャンドルに火をともし、祈願者のことを考えます。白色のキャンドルに火をともし、祈願者の力強さについて考えます。
　祈願者が権力を行使したいと思っている相手のアストラルキャンドルに火をともし、その人のことを一心に考えます。
　紫色のキャンドルに火をともし、祈願者から権力が噴出してきて、それがいかに他者に影響を及ぼすかについて考えます。
　オレンジ色のキャンドルに火をともし、祈願者が他者に対して振りまく魅力について考えます。そしてこう唱えます。

　　（旧訳聖書　詩篇　第130篇）
　　主よ　わたしは深い淵からあなたに呼ばわる

主よ　どうか　わが声を聞き
あなたの耳をわが願いの声に傾けてください
主よ　あなたがもし　もろもろの不義に
目をとめられるならば
主よ　だれが立つことができましょうか
しかしあなたには　許しがあるので
人に恐れかしこまれるでしょう
わたしは主を待ち望みます　わが魂は待ち望みます
その御言葉(みことば)によって　わたしは望みをいだきます
わが魂は夜回りが暁を待つにまさり
夜回りが暁を待つにまさって主を待ち望みます
イスラエルよ　主によって望みをいだけ
主には　慈しみがあり
また豊かな贖(あがな)いがあるからです
主はイスラエルを
そのもろもろの不義から贖(あがな)われます

　キャンドルの火を消します。
　この儀式を、6夜連続で毎晩行いますが、そのたびにアストラルキャンドルを2〜3センチずつ左のほう（祭壇の真ん中のほう）へずらしていき、紫色のキャンドルとオレンジ色のキャンドルをともに2〜3センチずつ右のほう（真ん中のほう）へずらしていきます。

パワーアップ
POWER INCREASE

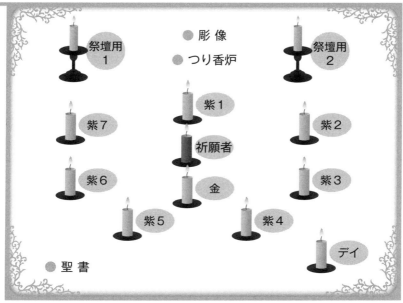

あなたのパワー[2]を高めるには

祭壇用のキャンドル1と2に火をともします。

お香をたきます。

祈願者のキャンドルに火をともし、祈願者のことを考えます。

金色のキャンドルに火をともし、パワーが祈願者に引きつけられているのを想像します。

デイキャンドルに火をともします（注記：この儀式は、満月の7日前にはじめてください。デイキャンドルは、儀式の曜日に合った色のものにします［20ページの表を参照］。つまり、儀式を行う曜

---

2 水晶占いのパワー、魔力、癒しやESP（超感覚的知覚）などのパワーのこと。

日ごとに異なる色のキャンドルを使うということです）。

　紫色のキャンドルに火をともし、パワーについて考えます——癒しのパワー、水晶占いのパワー、その他お望みのどんなパワーについてでもかまいません（注記：儀式の２日目には紫色のキャンドル１と２に火をともし、３日目には紫色のキャンドル１、２、３に火をともします。４日目以降も同様です）。そしてこう唱えます。

　　（旧訳聖書　詩篇　第127篇）
　　主が家を建てられるのでなければ
　　建てる者の勤労は虚しい
　　主が町を守られるのでなければ
　　守る者のさめているのは虚しい
　　あなたがたが早く起き　遅く休み
　　辛苦のかてを食べることは　虚しいことである
　　主はその愛する者に　眠っているときにも
　　なくてならぬものを与えられるからである
　　見よ　子どもたちは神から賜わった嗣業であり
　　胎の実は報いの賜物である
　　壮年のときの子どもは勇士の手にある矢のようだ
　　矢の満ちた矢筒を持つ人は幸いである
　　彼は門で敵と物言うとき恥じることはない

　しばらくの間静かに座って、祈願者の体内にパワーがみなぎってくるのを想像します。そして再びこう唱えます。

　　主が家を建てられるのでなければ
　　建てる者の勤労は虚しい

主が町を守られるのでなければ
守る者のさめているのは虚しい
あなたがたが早く起き　遅く休み
辛苦のかてを食べることは　虚しいことである
主はその愛する者に　眠っているときにも
なくてならぬものを与えられるからである
見よ　子どもたちは神から賜わった嗣業(しぎょう)であり
胎の実は報いの賜物である
壮年のときの子どもは勇士の手にある矢のようだ
矢の満ちた矢筒を持つ人は幸いである
彼は門で敵と物言うとき恥じることはない

キャンドルの火を、ともしたときとは逆の順番で消します。

繁栄
PROSPERITY

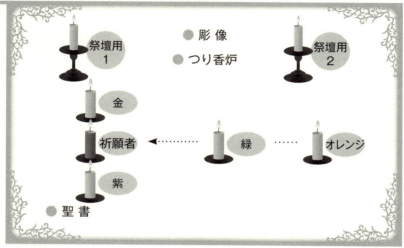

繁栄を手にするには

　祭壇用のキャンドル1と2に火をともします。
　お香をたきます。
　祈願者のキャンドルに火をともし、祈願者のことを考えます。
　金色のキャンドルに火をともしながら、繁栄が持つ魅力、繁栄を手にする自信、そしてその繁栄を勝ち取ることについて考えます。
　紫色のキャンドルに火をともしながら、前進やパワーについて考えます。
　緑色のキャンドルに火をともしながら、お金、富、繁栄について考えます。
　オレンジ色のキャンドルに火をともしながら、お金や繁栄が祈願者に引き寄せられているのを想像します。そしてこう唱えます。

（旧訳聖書　詩篇　第41篇）
　貧しい者をかえりみる人は幸いである
　主はそのような人を悩みの日に救い出される
　主は彼を守って　生きながらえさせられる
　彼はこの地にあって　幸いな者と呼ばれる
　あなたは彼をその敵の欲望にわたされない
　主は彼をその病の床で支えられる
　あなたは彼の病むとき　その病をことごとく癒される
　わたしは言った
「主よ　わたしを憐れみ　わたしを癒してください
　わたしはあなたに向かって罪を犯しました」と
　わたしの敵はわたしを謗(そし)って言う
「いつ彼は死に　その名が滅びるであろうか」と
　そのひとりがわたしを見ようとして来るとき
　彼は偽りを語り　その心によこしまを集め
　外に出てはそれを言いふらす
　すべてわたしを憎む者は
　わたしについてともにささやき
　わたしのために災いを思いめぐらす
　彼らは言う　「彼にひとつの祟りがつきまとったから
　倒れ伏して再び起き上がらないであろう」と
　わたしの信頼した親しい友
　わたしのパンを食べた親しい友さえも
　わたしに背(そむ)いて踵(くびす)を上げた
　しかし主よ　わたしを憐れみ
　わたしを助け起こしてください
　そうすればわたしは彼らに報い返すことができます
　わたしの敵がわたしに打ち勝てないことによって

あなたがわたしを喜ばれることを
　　わたしは知ります
　　あなたはわたしの全(まった)きによって
　　わたしを支え　とこしえに御前(みまえ)に置かれます
　　イスラエルの神
　　主はとこしえからとこしえまで褒むべきかな
　　アァメン　アァメン

　しばらくの間座って休んでから、キャンドルの火を消します。この儀式は毎晩繰り返し行いますが、そのたびに緑色のキャンドルとオレンジ色のキャンドルを５〜６センチずつ左のほうへずらしていきます。

清め
PURIFICATION

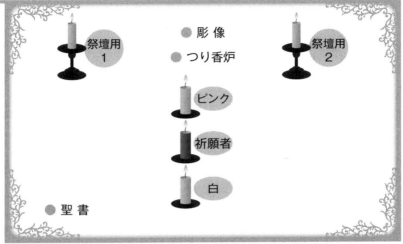

身を清めるには

　祭壇用のキャンドル1と2に火をともします。
　お香をたきます。
　祈願者のキャンドルに火をともし、祈願者のことを考えます。
　ピンク色のキャンドルに火をともし、祈願者の名誉、まっすぐな性格、徳行について考えます。
　白色のキャンドルに火をともし、祈願者の誠実さ、真実、純粋さについて考えます。そしてこう唱えます。

　　（旧訳聖書　詩篇　第23篇）
　　主はわたしの牧者であって
　　わたしには乏しいことがない
　　主はわたしを緑の牧場に伏させ

いこいのみぎわに伴われる

　主はわたしの魂を生き返らせ

　御名(みな)のためにわたしを正しい道に導かれる

　たといわたしは死の陰の谷を歩むとも

　災いを恐れません

　あなたがわたしとともにおられるからです

　あなたの鞭と　あなたの杖はわたしを慰めます

　あなたはわたしの敵の前で　わたしの前に宴(うたげ)を設け

　わたしの頭(こうべ)に油を注がれる

　わたしの杯はあふれます

　わたしの生きているかぎりは

　必ず恵みと慈しみとが伴うでしょう

　わたしはとこしえに主の宮に住むでしょう

5分の間座って、祈願者の純粋さに思いをはせ、再びこう唱えます。

　主はわたしの牧者であって

　わたしには乏しいことがない

　主はわたしを緑の牧場に伏させ

　いこいのみぎわに伴われる

　主はわたしの魂を生き返らせ

　御名(みな)のためにわたしを正しい道に導かれる

　たといわたしは死の陰の谷を歩むとも

　災いを恐れません

　あなたがわたしとともにおられるからです

　あなたの鞭と　あなたの杖はわたしを慰めます

　あなたはわたしの敵の前で　わたしの前に宴(うたげ)を設け

　わたしの頭(こうべ)に油を注がれる

わたしの杯はあふれます
　　わたしの生きているかぎりは
　　かならず恵みと慈しみとが伴うでしょう
　　わたしはとこしえに主の宮に住むでしょう

　５分の間座って、祈願者の純粋さに思いをはせます。そうしたら、詩篇をさらにもう一度唱えます。
　さらに５分の間沈思したら、キャンドルの火を消します。
　この儀式を、３日おきに、好きなだけ長く繰り返し行いましょう。

水晶占い
SCRYING

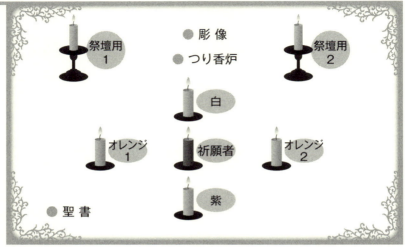

水晶占いをするには[3]

　祭壇用のキャンドル1と2に火をともします。
　お香をたきます。
　祈願者のキャンドルに火をともし、祈願者のことを考えます。
　白色のキャンドルに火をともし、純粋さ、真実、誠実さについて考えます。
　紫色のキャンドルに火をともし、予言するパワー、占うパワーについて考えます。
　オレンジ色のキャンドル1と2に火をともし、そのパワーが祈願者に引きつけられているのを想像します。そしてこう唱えます。

3　クリスタルゲージング（水晶擬視）、鏡占い、その他のスクライング（占い）にも同じように有効です。

（旧訳聖書　詩篇　第62篇）

わが魂は黙してただ神を待つ

わが救いは神から来る

神こそわが岩　わが救い

わが高きやぐらである

わたしはいたく動かされることはない

あなたがたは　いつまで人に押し迫るのか

あなたがたは皆　傾いた石垣のように

揺り動く間垣のように人を倒そうとするのか

彼らは人を尊い地位から落そうとのみ計り

偽りを喜び　その口では祝福し

心のうちでは呪うのである　（セラ〔休止〕）

わが魂は黙してただ神を待つ

わが望みは神から来るからである

神こそわが岩　わが救い

わが高きやぐらである

わたしは動かされることはない

わが救いとわが誉れとは神にある

神はわが力の岩　わが避け所である

民よ　いかなるときにも神に信頼せよ

その御前にあなたがたの心を注ぎ出せ

神はわれらの避け所である　（セラ［休止］）

低い人は虚しく　高い人は偽りである

彼らをはかりにおけば　彼らはともに息よりも軽い

あなたがたは　虐げに頼ってはならない

かすめ奪うことに　虚しい望みをおいてはならない

富の増し加わるとき　これに心をかけてはならない

神はひとたび言われた

わたしは再びこれを聞いた
力は神に属することを
主よ　慈しみもまたあなたに属することを
あなたは人おのおのの業(わざ)に従って
報いられるからである

　しばらくの間静かに座って、頭のなかを空っぽにします。そうしたら祭壇に背を向けて、水晶をじっと見つめます。願い事をし終えたら再び祭壇のほうを向いて、数分の間静かに一礼をします。キャンドルの火を消します。

中傷
SLANDER

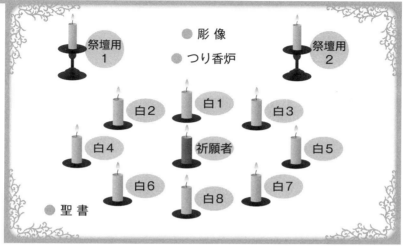

悪口をやめさせるには

　祭壇用のキャンドル１と２に火をともします。お香をたきます。
　祈願者のキャンドルに火をともしながら、祈願者のことに思いを集中させます。
　白色のキャンドル１、２、３、４、５、６、７、８に火をともし、祈願者が純粋さ、真実、そして誠実さ、つまり乗り越えられない壁に完全に取り囲まれているのを想像します。そしてこう唱えます。

　　（旧訳聖書　詩篇　第２篇）
　　なにゆえ　もろもろの国びとは騒ぎたち
　　もろもろの民は虚しいことをたくらむのか
　　地のもろもろの王は立ち構え
　　もろもろの官(つかさ)はともに　計り

主とその油注がれた者とに逆らって言う
「われらは彼らの枷(かせ)をこわし
　　彼らのきずなを解き捨てるであろう」と
　　天に座する者は笑い　主は彼らをあざけられるであろう
　　そして主は憤りをもって彼らに語り
　　激しい怒りをもって彼らを恐れ惑わせて言われる
「わたしはわが王を聖なる山シオンに立てた」と
　　わたしは主の詔(みことのり)をのべよう
　　主はわたしに言われた　「おまえはわたしの子だ
　　きょう　わたしはおまえを生んだ
　　わたしに求めよ　わたしはもろもろの国を
　　嗣業(しぎょう)としておまえに与え
　　地の果てまでもおまえの所有として与える
　　おまえは鉄の杖をもって彼らを打ち破り
　　陶工の作る器物のように彼らを打ち砕くであろう」と
　　それゆえ　もろもろの王よ　賢くあれ
　　地の官(つかさ)らよ　戒めを受けよ
　　おそれをもって主に仕え　おののきをもって
　　その足に口づけせよ
　　さもないと主は怒って
　　あなたがたを道で滅ぼされるであろう
　　その憤りが速やかに燃えるからである
　　すべて主に寄り頼む者は幸いである

　静かに座って10分の間熟考したら、キャンドルの火を消します。
　この儀式を、3夜おきに、好きなだけ長く繰り返し行いましょう。

成　功
SUCCESS

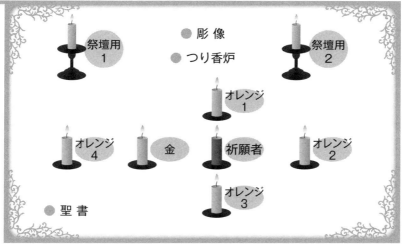

成功を手に入れるには

祭壇用のキャンドル1と2に火をともします。

お香をたきます。

祈願者のキャンドルに火をともしながら、祈願者のことに思いを集中させます。金色のキャンドルとオレンジ色のキャンドル1（1のみ）に火をともし、祈願者が尽力することなら何でも大きな幸運に恵まれることを想像します（オレンジ色のキャンドル2、3、4については、儀式の終わりの指示に従ってください）。そしてこう唱えます。

（旧訳聖書　詩篇　第95篇）
　さあ　われらは主に向かって歌い
　われらの救いの岩に向かって喜ばしい声を上げよう

われらは感謝をもって　御前(みまえ)に行き
主に向かい　賛美の歌をもって
喜ばしい声を上げよう
主は大いなる神
すべての神にまさって大いなる王だからである
地の深いところは主の御手(みて)にあり
山々の頂もまた主のものである
海は主のもの　主はこれを造られた
またその御手(みて)は乾いた地を造られた
さあ　われらは拝み　ひれ伏し
われらの造り主　主の御前(みまえ)にひざまずこう
主はわれらの神であり
われらはその牧の民　その御手(みて)のヒツジである
どうか　あなたがたは
きょう　その御声(みこえ)を聞くように
あなたがたは　メリバにいたときのように
また荒野のマッサにいた日のように
心をかたくなにしてはならない
あのとき　あなたがたの先祖たちは
わたしの業(わざ)を見たにもかかわらず
わたしを試み　わたしをためした
わたしは四十年の間　その代を嫌って言った
「彼らは心の誤っている民であって
わたしの道を知らない」と
それゆえ　わたしは憤って
彼らはわが安息に入ることができないと誓った

10分の間座って、祈願者にとっての完全な成功をイメージします。

キャンドルの火を消します。
　この儀式は、火曜日にはじめてください。そして金曜日に再度行いますが、そのときはオレンジ色のキャンドル１と２に火をともします。翌週の火曜日には、オレンジ色のキャンドル１、２、３に火をともし、この儀式を繰り返し行います。
　最後に、第２週目の金曜日に、この儀式をもう一度繰り返します。そのときはオレンジ色のキャンドル４本すべてに火をともします。
　もしもっと長い期間儀式を行う必要があると思ったら、そのときから毎週火曜日と金曜日に繰り返し行うといいでしょう。ただし、「下準備」が終わったら、かならずすべてのキャンドルに火をともしてください。成功が手に入るまでこれを続けましょう。

真 実
TRUTH

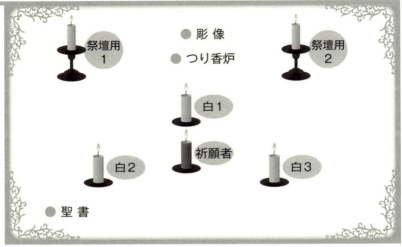

真実を知るには

　祭壇用のキャンドル1と2に火をともします。
　お香をたきます。
　あなたが真実を知りたいと思っているテーマに思いを集中させます。
　祈願者のキャンドルに火をともし、祈願者のことを考えます。
　白色のキャンドル1に火をともし、こう唱えます。

　　（旧訳聖書　詩篇　第117篇）
　　もろもろの国よ　主を褒めたたえよ
　　もろもろの民よ　主をたたえまつれ
　　われらに賜わるその慈しみは大きいからである
　　主のまことはとこしえに絶えることがない

主を褒めたたえよ

白色のキャンドル２に火をともし、こう唱えます。

　　もろもろの国よ　　主を褒めたたえよ
　　もろもろの民よ　　主をたたえまつれ
　　われらに賜わるその慈しみは大きいからである
　　主のまことはとこしえに絶えることがない
　　主を褒めたたえよ

白色のキャンドル３に火をともし、こう唱えます。

　　もろもろの国よ　　主を褒めたたえよ
　　もろもろの民よ　　主をたたえまつれ
　　われらに賜わるその慈しみは大きいからである
　　主のまことはとこしえに絶えることがない
　　主を褒めたたえよ

30分の間静かに座って熟考したら、キャンドルの火を消します。

アンクロッシング
UNCROSSING

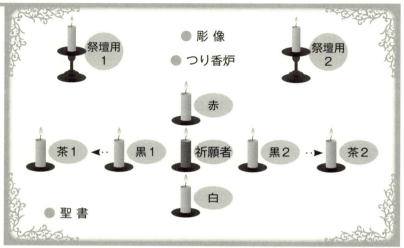

ひとの呪いを解くには

　祭壇用のキャンドル1と2に火をともします。お香をたきます。
　祈願者のキャンドルに火をともし、祈願者のことを考えます。
　赤色のキャンドルと白色のキャンドルに火をともし、「呪いをかけられた」状態を解いていく祈願者の力強さと純粋さについて考えます。黒色のキャンドル1と2に火をともし、祈願者が「呪いをかけられている」ところを、または、祈願者に呪いをかけた人物のことを考えます（その人物を知っている場合）。
　茶色のキャンドル1と2に火をともし、祈願者に呪いをかけた人物の疑念や弱点について考えます。そしてこう唱えます。

（旧訳聖書　詩篇　第59篇）
　わが神よ　どうかわたしをわが敵から助け出し

わたしに逆らって起こり立つ者からお守りください
悪を行う者からわたしを助け出し
血を流す人からわたしをお救いください
見よ　彼らは潜み隠れて　わたしの命をうかがい
力ある人々がともに集まってわたしを攻めます
主よ　わたしに咎も罪もなく
わたしに過ちもないのに
彼らは走りまわって備えをします
わたしを助けるために目をさまして　ごらんください
万軍の神　主よ　あなたはイスラエルの神です
目をさまして　もろもろの国民を罰し
悪をたくらむ者どもに
憐れみを施さないでください　（セラ［休止］）
彼らは夕ごとに帰ってきて
犬のようにほえて町をあさりまわる
見よ　彼らはその口をもってほえ叫び
そのくちびるをもって唸り
「だれが聞くものか」と言う
しかし　主よ　あなたは彼らを笑い
もろもろの国民をあざけり笑われる
わが力よ　わたしはあなたに向かって褒め歌います
神よ　あなたはわたしの高きやぐらです
わが神はその慈しみをもって　わたしを迎えられる
わが神はわたしに敵の敗北を見させられる
どうぞ　わが民の忘れることのないために
彼らを殺さないでください
主　われらの盾よ　御力をもって彼らをよろめかせ
彼らを倒れさせないでください

彼らの口の罪　そのくちびるの言葉のために
彼らをその高ぶりに捕われさせてください
彼らが語る呪(のろ)いと偽りのために
憤りをもって彼らを滅ぼし
もはや永(なが)らえることのないまでに
彼らを滅ぼしてください
そうすれば地の果てまで
人々は神がヤコブを治められることを
知るに至るでしょう　（セラ［休止］）
彼らは夕ごとに帰ってきて
犬のようにほえて町をあさりまわる
彼らは食い物のために歩きまわり
飽くことを得なければ怒り唸(うな)る
しかし　わたしはあなたの御力(みちから)を歌い
朝には声を上げてみ慈しみを歌います
あなたはわたしの悩みの日にわが高きやぐらとなり
わたしの避け所となられたからです
わが力よ　わたしはあなたに向かって褒め歌います
神よ　あなたはわが高きやぐら
わたしに慈しみを賜わる神であられるからです

　黒色のキャンドルと茶色のキャンドルの火を消します。そのあと5分間座って休んだら、ほかのキャンドルの火を消します。
　この儀式は3日おきに繰り返し行いますが、そのたびに2本の黒色のキャンドルを5〜6センチずつ、茶色のキャンドルのほうへずらしていきます。これを黒色のキャンドルが茶色のキャンドルにくっつくまで続けましょう。

理解

UNDERSTANDING

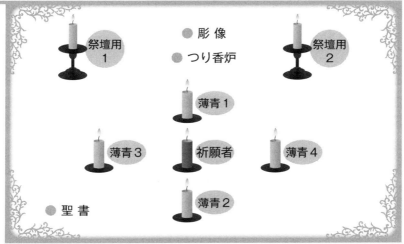

理解を深めるには

　祭壇用のキャンドル1と2に火をともします。
　お香をたきます。
　祈願者のキャンドルに火をともしながら、祈願者のことを考えます。
　薄青色のキャンドル1、2、3、4に火をともします。
　しばらくの間、他者の物の見方を理解していること、分かっていること、共感していることを想像します。そしてこう唱えます。

　　（旧訳聖書　詩篇　第133篇）
　　見よ　兄弟が和合してともにおるのは
　　いかに麗しく楽しいことであろう
　　それは頭（こうべ）に注がれた尊い油がひげに流れ

アロンのひげに流れ

　　その衣の襟(えり)にまで流れ下るようだ

　　またヘルモンの露がシオンの山に下るようだ

　　これは主がかしこに祝福を命じ

　　とこしえに命を与えられたからである

　しばらくの間休んだら、また同じ詩句を繰り返し読み上げます。

　　見よ　兄弟が和合してともにおるのは

　　いかに麗しく楽しいことであろう

　　それは頭(こうべ)に注がれた尊い油がひげに流れ

　　アロンのひげに流れ

　　その衣の襟(えり)にまで流れ下るようだ

　　またヘルモンの露がシオンの山に下るようだ

　　これは主がかしこに祝福を命じ

　　とこしえに命を与えられたからである

　数分間静かに座って熟考したら、キャンドルの火を消します。この儀式を毎晩、７夜連続で行いましょう。

〔訳注：第２部の旧訳聖書中の詩編と雅歌は、bible.salterrae.netのデータを使用しました。〕

附章Ⅰ──黒魔術のはなし

　キャンドルに火をともす儀式の話は、「人々の心」のなかでは、ろう人形に釘を刺す、いわゆるブードゥー教徒の風習にかならず結びつけられています（実際には、これはとくにブードゥー教徒だけの風習ではなく、単に黒魔術のひとつです）。何か悪いことを企んだら、ろうを固めます──キャンドルに火をともします。でも、これはとても危険な行為です。すぐに裏目に出ます。ここではこうした特定の儀式について説明しましょう。

　まずは小さなろうか粘土の塊を手にし、こねて人間のおおよその形をつくります。実践する人は、相手のことを心のなかでしっかりと思い続けます。人形は基本的にかなり大ざっぱなものです。顔や身体の特徴もなく、ただ胴体と頭、2本の手、2本の足があるだけですが、実践する人は、それが相手をあらわしているものとみなすのです。人形に相手の顔、体型、姿勢、身振り手振りの特徴を見いだします。その人にとっては、その人形が相手そのものなのです。

　相手のもので、ろうに混ぜられるようなものを何か所持していれば、「相手の特定」に役立ちます。伝統的に、切った爪や髪の毛などを一緒に混ぜます。これらが人形と相手とをしっかりと結びつけてくれるのです。

　それが終わったら、人形に名前をつけます──洗礼のまねごとをします。塩水を振りかけ、お香の煙がかかるところにつるしておき、その間に相手に名前をつけます。それが終わったら、今度はきれいな白い布で人形を包み、必要になるまでしまっておきましょう。

　本当に悪意ある魔法をかけるには、未使用の真新しい釘(くぎ)を9本使います。ろう人形を自分の前に寝かせたら、釘を1本ずつ手に取って、何か悪いことが起きますように、と願いながら、人形に強く突

き刺していきます。例えば、人形の頭に釘を突き刺しながら、こんな呪文を唱えます。「どうか……（名前）の頭がおかしくなりますように！」とか、人形の胸に釘を突き刺しながら、「どうか……（名前）が心臓発作を起こしますように！」などです。こうした「共感呪術」がうまく機能するためには、これを実践する人が少しずつ気持ちを高ぶらせ、本気で怒っていなければなりません——もし目の前に相手がいたら、間違いなく身体的に攻撃しているというぐらい、自分が相手に対して本気で激高していなければなりません。

　実践する人が注意しなければならないのは、釘の取り扱いです。ある釘を突き刺しているときには、すでに刺してあるほかのどの釘にも触れないよう、十分に気をつけなければなりません。もしいずれかの釘にうっかり触れてしまうと、呪いが丸ごと、そっくりそのまま、実践した人に返ってきてしまうのです！

　興味深いことに、キャンドルに釘を刺す風習がイギリスの一部にまだしっかりと残っています。むかしから、若い女性が恋人に振られると、キャンドル——黒色でなくてもかまいません——に火をともします。キャンドルを前にして座り、真新しい釘を２本、１本はキャンドルの前方から芯に向かって、もう１本は後方から芯に向かって刺していきます（１本を右側から、もう１本を左側から刺してもけっこうです）。キャンドルの芯糸に到達するぐらい、深く刺します。そうしたらこう唱えます。

「わたしはこの釘を燃やしたいのではなく、……（名前）の心を変えたいのです。どうかわたしの気持ちが彼に届くまで、彼が眠れませんように、休息できませんように」

　そうしたら、座ったまま、キャンドルが釘を焼き尽くすまで、じっと見つめていなければなりません。ずっとその恋人のことを考えながら。

　人をかたどった特別なキャンドルを売っている店もあります——

女性をかたどった赤色のキャンドルや男性をかたどった黒色のキャンドルなど。これらのキャンドルは大ざっぱな人間の形をしており、ふつうの芯糸が通っています。先述の黒魔術の儀式で使います。すでに人間の形をしていますので、相手の所有物をつけて、相手の人形にしなければなりません。塩水を振りかけて、お香をたきしめ、名前をつけることも忘れずに。

このような人間をかたどったキャンドルに釘を刺し、呪いをかけたら、キャンドルの芯糸に火をともし、最後まで燃やし尽くします。こうすると、もう絶対に呪いを取り消すことができなくなります。

黒魔術や魔法の本には、「栄光の手(ハンド・オブ・グローリー)」に言及しているものがあります。この手は確かに枝つき燭台の形をしていますが、実は絞首台につるされた死人の手を切断したものでした。この身の毛もよだつようなオブジェが炉棚の上にまっすぐ立てて飾られ、5本の指先の上にそれぞれキャンドルが載せられていたのです。キャンドルの色は決まって黒でした。

ある18世紀の著作[1]にはこう書かれています。

> 「栄光の手」を使うのは、見る者を仰天させ、生ある人間よりも死者のほうが仰天するほどの恐怖で動けなくするためだ。つくり方はこうだ。まず、街道沿いの絞首台につるされている重罪犯人の右手か左手をもぎ取り、ひつぎを覆う布で包む。そうして包んだら、手をきつくひねる。続いて、それをロクショウ、硝石、塩、ナガコショウの実——これらはよく砕いて粉末にしておく——と一緒に土器に入れ、そのまま2週間寝かせておく。その後、手を取り出して、カラカラに干からびるまで真夏（8月、9月、10月）の炎天下にさらしておく。太陽の光があまり強く

---

1 中世の魔術書『小アルベルトゥス』(1722年) の "Secrets merveilleux de la magie naturelle et cabalistique (自然魔術と呪術の神秘)" の記述を参照。

ない場合は、手を炉に入れて、シダとバーベインと一緒に加熱する。次に、絞首台につるされた罪人の脂肪、ろう（未使用のもの）、ゴマ、ピオニーでろうそくのようなものをつくり、「栄光の手」を燭台にして……。こんなおぞましいモノを持って行けば、行く先々で、そこに居合わせた人は間違いなく固まってしまうだろう。

アメリカの魔術師アンリ・ガマシュは、この「栄光の手」の現代版ともいえる事例を見つけたと主張し、"The Master Key to Occult Secrets" のなかで次のように述べています。

　　1キロ弱ほどの成形用の粘土を手に入れたら、これを練って人間の手の形をつくる。敵や対決相手、あるいは支配したいと望む人物から手に入れた数本の髪の毛や衣服の切れ端を粘土に混ぜ込む。ろうそく受けになるぐらいの大きさのくぼみを手のひらにつくる。
　　そうしたら、黒色のろうそくを手に入れ、オイルを塗って仕上げをする。このオイルは「精神錯乱のオイル」とか「屈服のオイル」などと呼ばれている。そのオイルをろうそくにこすりつけながら、「この精油で、わたしはおまえを支配する」といった呪文を唱える。儀式を行う人は、儀式でターゲットになる相手に思いを集中させる。ろうそくをろうそく受けに置いたら数分間、火をともす。これを7夜連続で深夜に行う。

上記の有害な魔術はどれもおススメできません。魔術そのものが危険であるだけでなく——注意深く釘を刺す必要があることもそうですが、ターゲットにした相手から呪いをかけた本人に倍返しされる可能性だってあるからです。ただし、その相手に知識があればの

話ですが（相手は「魔女の瓶」などを使って呪い返しをしてきます）〔訳注：「魔女の瓶」とは、伝統的に呪い返しに使われる道具で、それにふさわしいハーブや小物（割れたガラス片など）を瓶に詰めてつくりますが、効果を高めるために最後に放尿することもあります〕。ですから、けっして魔術でちょっと「遊んでみよう」などと思ってはいけません。魔術は本物のパワーであり、敬意をもって丁寧に扱わなければならないのです。

附章 II ──創造的視覚化について

　本書が世に出てから長い年月がたちますが、住環境のせいでキャンドルに火をともしたりお香をたいたりすることができない、あるいは呪文を唱えることができない、という方々からたくさんのお便りをいただきました。なかなか理解してくれない両親や親族、ルームメイトと共同生活をしている人もいれば、隣人がせんさく好きだという人もいます。ある女性などは、ネコを何匹も飼っているが、祭壇にキャンドルを並べているとかならずそのネコが邪魔をしに来るのだといいます。そして皆が決まって同じことを言ってくるのです。「どうしたらいいでしょう？　こういう道具を使わなくてもかけられる、シンプルだけど効果的な魔法ってありますか？」

　そうしたご要望にぴったりの、キャンドルを使った儀式と密接に関係のある魔法があります。とても効果的で、事実上いつでもどこでもできるもの、それが創造的視覚化(クリエイティブ・ビジュアライゼーション)です。

　視覚化(ビジュアライゼーション)はだれにでもできます。オフィスに缶詰めになっているときでも、ゴルフに行きたいと思ったら、目を閉じて、なだらかなグリーン、ラフ、バンカーなどがあるゴルフコースを想像することができます。視覚化はそう難しくはありません。もし喉がカラカラで、冷えたうまいビール（ソーダでも何でもいいのですが）が飲みたいと思ったら、目を閉じて、そのビールを想像すればいいのです。実際にそれを「想像すること」、つまり視覚化によって、切望するだけにとどまらず、ビールを飲むという目標に近づくことができるのです。それでは、ここでその視覚化をぜひやってみませんか？　あなたが一番望んでいることをまぶたの奥に描き出してみましょう。

　じゃあ、例えば、宝くじで1億円を当てたいと思ったら、ただ目を閉じてそれを思い浮かべれば、1億円が手に入る、そういうこと

なのでしょうか？　いやいや、それは違います。ほかのどの魔法（そして人生におけるほかのさまざまな出来事）とも同じで、一定のルールというものがあります。目的地にたどり着くまでには通過しなければならない道があります。まずは**現実的な目標**を設定することです。

　わたしはかつて、ユージーンとカールソンという２人の兄弟の近所に住んでいたことがあります。２人はすべての面で正反対でしたので、いろいろな意味で良いお手本でした――欲しいものを手に入れるには何をやるべきか、また欲しいものを手に入れるには何をやめるべきかなど。例えば職探しですが、２人とも学校を出てから高給の仕事に就きたいと思っていました。カールソンは給与の低い仕事に甘んじる気はないと宣言して……、リッチな暮らしをするつもりでいたのですね！　ユージーンのほうはあまり多くを語らず、仕事を見つけにいって、地元のスーパーで袋詰めの仕事に就いたのです。給与はけっして高いとはいえませんでしたが、とてもありがたいものでした。

　数カ月がたちましたが、カールソンはまだ「自分にふさわしい」仕事を探していました。一方、ユージーンは昇進してレジ打ちの仕事をするようになり、後にはさらに店長補佐にまで昇格したのです。

　カールソンは良い仕事に就きたかっただけでなく、高級な新車も欲しがっていました。彼が仕事を探しているうちに――状況はどんどん悪化していきましたが――、ユージーンは古い中古のフォルクスワーゲンを自分で買っていました。その後もしばらく仕事をしては少しずつお金を貯め、それを使って良い中古車に買い替えていました。

　結局のところ、当然ですが、カールソンは行き詰り、身の丈に合った仕事に就かざるを得なくなりました。彼は今でも苦しい生活を送っています。そのころ、ユージーンは店長になっており、新車

を所有していました。

　この人生のひとコマは、現実的な目標を設定することについての好例です。カールソンの目標、つまり一流の仕事に就いて新車に乗って「頂上スタートする」やり方は現実的ではありませんでした。一方のユージーンの目標、つまり一歩ずつ徐々に昇進していくやり方は現実的でした。さて、創造的視覚化では同じような昇進が可能です。キャデラックの新車を思い浮かべることはできなくても、車が欲しいという気持ちがあれば、はっきりと中古車を思い浮かべ、そこから先へ進むことができるのです。

　これは創造的視覚化では絶対に新車など手に入れることはできないという意味なのでしょうか？　いいえ、違います。単に、何か目標があるなら、一気に到達するのではなく、そこにたどり着くまでにいくつかの段階を踏む必要があるという意味です。キャデラックの新車が人生の目標なら、あなたが欠かせないと感じているほかのモノよりも上位にあるなら、それを手に入れるまでにいくつもの段階を踏まなければならないということです。ユージーンのように、まずは中古車からスタートするべきなのです。それはあなたが進みたいと思っている方向へ進むためのはじめの一歩なのです。その車はすぐに次のもっと良い中古車に取って代わり、それが今度は3台目の中古車に取って代わります。そのことを分かってほしいのです。しかし、これらの段階を踏んだ目標はすべて最終的な目標……、つまりあなたがゆくゆくは最後の中古車を手放してキャデラックの新車を手に入れるという、最終目標につながっているのだ、ということも分かってほしいと思います。

　ですから、最終目標にはまだ手が届きそうもないというときには、段階を踏んだ目標を設定しましょう。それらの計画を練りましょう。到達したい目標にたどり着くには、**現実的に考えていくつ段階を踏めばいいのでしょう**？　それを紙に書き出して判断してみましょう。

そうすれば、あなたが向かっている方向や目的地に到達するにはあとどのぐらいかかるのかが分かります。

　現実的な目標と一緒に、**現実的な期限**も設定しておく必要があります。新車であれ中古車であれ、マイカーが一夜にして自宅のガレージにあらわれる、なんていうことはあり得ません。創造的視覚化は、瞬時に魔法がかかる魔法の杖ではありません。あらゆる魔法と同じく、その目標に向かって時間をかけて取り組まなければなりません。そしてどのぐらいの期間取り組むのかを判断しなければなりません。一般的には、１カ月がちょうど良い期間です。実際には、後述のとおり、月の満ち欠けがあなたの創造的視覚化を促してくれます。もちろん、何から何まで１カ月で成し遂げられるわけではありませんが、１カ月、２カ月、３カ月……と、月単位で考えてみるといいでしょう。

　初めての中古車を手に入れるには、１カ月が**取り組む期間としては妥当**です。そうして車を手に入れ、しばらくの間その車で楽しんだら、今度はそれを売ってそれよりも高価な車を買うことを考えられるようになります。高価な車を買うには少し時間がかかりますので、それを考えはじめる準備ができたら、２カ月をみておきましょう。そのようにして、最終目標に到達するまでに一歩ずつステップアップしていけばいいのです。

　ここで重要なのは、机上でプログラムをしっかりとやり遂げることです。自分の目標とは……、最終的で、かつ、必要な場合には、段階を踏んだ目標とは何なのか？　いつまでに達成するつもりなのか？　ここがあなたの目標を本気で考えるところです。車のような目標だと、かなりはっきりしていますが、「良い仕事」のような目標だと、どんな仕事が良い仕事なのか、どんなふうに「良い」のか、給料が高い、仕事量が少ない、職場環境が良いなど、**かなり細かいところまで考えなければなりません**。それを全部紙に書き出してみ

ましょう。そうすれば、頭のなかでモヤモヤしていた考えも鮮明になってきます。あのひどいアパートから一戸建てに引っ越したいのか？　じゃあ、どんな家に？　大邸宅か、それとも質素で小さな家か？　小さなものからスタートする、ということを忘れずに。あいまいな点ははっきりさせましょう。詳細をすべて書き出してみましょう。必要なら絵を描いてみるのもいいでしょう。

　創造的視覚化には写真がとても役立ちます。また新車の例で考えてみましょう——あなたの部屋の壁に欲しい車の写真を飾っておきます。それを頻繁に眺めます。目を閉じても、いつでも心に思い描けるようにしておきます。「マイカー」だというのが見て分かるようにしておきます。これはあなたが努力を傾けているほかのことにも使えます。もし写真がなければ、言葉やフレーズを掲げておきます。「**気さくな同僚たちと一緒の働きやすい職場環境**」「**スマイル**」「**スエードのジャケット**」などと太字で書いて、部屋の壁か化粧台の鏡のまわりに掲げておき、それを見つめるのです。そしてずっとそれを繰り返すのです。

　ここでちょっと目標が現実的かどうかという問題に戻りましょう——どんなものであれ、あなたは本当に**欲しい**と思っているのか、ということです。マンションよりも一戸建ての家が欲しいなら……、家を維持できるだけの余裕があるだろうか？　一戸建ての家にはつきものだが、マンションの場合はかならずしも必要ない維持費、税金、公共料金などについて考えたことがあるだろうか？　欲しい車は……、買ったあとも維持していける余裕はあるだろうか？　ガソリン代や保険料、税金などが値上がりすることについて考えたことはあるだろうか？

　ご覧のとおり、変化を望むなら考えなければならないことが山ほどあります。でも、プラス面もマイナス面も全部ひっくるめて考えて、一度気持ちを固めたら……、あとは**前向きに考える**ことです。

頭のなかで目標を明確にしたら、それに向かってまい進すればいいのです！　一生懸命、献身的に働く必要が出てくるでしょう。忍耐強さも必要になってくるでしょう。でも、きっと何とかなるはずです。

　一般的な説明はこれくらいにして、ここからは創造的視覚化のプロセスを具体的にみていきましょう。あなたはいつ、どこで、どのように創造的視覚化を行いますか？

　確かに視覚化はどこにいてもできます。しかし、最良の結果を出すには、わたしがキャンドルの儀式で提案したのとまったく同じようにやることをおススメします。まずは静かな場所でやりましょう。ステレオやテレビの音が聞こえない場所がいいでしょう。きっと寝室が一番良い場所だと思います。20分ぐらい、儀式をしている間、だれからも邪魔されないことを確認しましょう。着心地の良い服装で（または、一糸まとわぬ姿で）臨みましょう。椅子に座ってもベッドに横たわってもかまいません。

　椅子に座る場合には、背もたれがしっかりしていて、また——これが一番大切なことですが——背筋をぴんと伸ばして座れる椅子にしましょう。椅子に座っていてもベッドに横たわっていても、大切なのは背筋をできるだけまっすぐ伸ばすことです。椅子には腕を置けるアームがあるといいでしょう。もし椅子にアームがない場合には、両手をひざの上に軽く置いておきましょう。

　視覚化を行うには、おそらく午前中か夕方がベストな時間でしょう。深夜は良い時間ではありません。疲れているでしょうし、儀式の途中で眠ってしまうかもしれませんからね。しっかり休息がとれているときにやりましょう。また、毎日同じ時間にやるように心がけましょう。

　キャンドルに火をともすことができる状態なら、火をともし、儀式をはじめましょう。良いにおいがするお香なら何でも使えますが、フランキンセンス、シナモン、マスティック樹脂をブレンドしたも

のが集中力を高めるのにとても役立ちます。

　身体をリラックスさせ、何度か深呼吸をしたら、さあスタートです。次のエクササイズにトライしてみてください。

　首をしっかりと後ろにそらします。

　そのままの状態で、3回、深呼吸をします。

　頭の位置をまっすぐに戻します。

　首をできるだけ左に傾けます。

　3回、深呼吸をします。

　頭の位置をまっすぐに戻します。首をできるだけ右に傾けます。3回、深呼吸をします。頭の位置をまっすぐに戻します。

　首を前に倒し、しばらくそのままにしてから、反時計まわりに円を描くようにまわします。これを3回繰り返します。

　最後の運動をもう一度。今度は首を時計まわりにまわします。これを3回繰り返します。

　頭の位置をまっすぐに戻します。

　鼻から短く、強く、何度も息を吸い、肺がいっぱいになるまで空気を取り込みます。

　しばらく息を止め、いきなり「ハアッ！」と声を出しながら、口から息を吐き出します。これを3セット行います。

　右側の鼻孔から（必要なら、左側の鼻孔を押さえて）、ゆっくりと深く息を吸い込みます。

　しばらく息を止めたら、ゆっくりと口から息を吐き出します。これを3セット行ったら、今度は左側の鼻孔から息を吸い込み、口から息を吐き出します。これを繰り返します。

　さあ、身体がリラックスしてきたら、今度はふつうに息を吸います。ただし深く吸い込んで、身体全体が丸い白い光に包み込まれているのがイメージできるまで全神経を集中させます。この白い光は純粋さと保護を表しています。

心のエクササイズをはじめるには、まずかならず自分をこの光で包み込んだ状態にしてからにしてください。

　身体を落ち着かせるのはこれくらいにして、今度は、自分に「集中」するために、短い詩を朗唱します。もし大きな声を出せるなら、大きな声で朗唱します。もし出せないようなら（ルームメイトがすぐそばにいるから、など）、静かに、自分だけに聞こえるように唱えてください。旧約聖書の詩篇第23篇でも、わたしの著書"The Pagan Seax-Wica Psalm"の詩編でも、どちらでもかまいません。シークス派ウイッカの詩篇とは、次のようなものです〔訳注：シークス派ウイッカとは、ガードナー派のウイッチクラフト（魔女術）を実践していたバックランド氏が創設した新宗派で、サクソン派ウイッカ、サクソン流魔女術ともいわれます〕。

　　道を通り抜けるたびに
　　神々の存在を感じる
　　何をしようとも
　　神々はわたしとともにある
　　わたしも神々とともにある
　　とこしえに
　　悪魔をもてなしてはならぬ
　　清めのために　住み人は
　　わたしのなかに　わたしのそばに
　　とこしえにわたしは力を尽くし
　　とこしえにわたしは生きる
　　すべてのものに愛を込めて
　　そうあらしめよ　とこしえに
　　（Copyright Raymond Buckland, 1981）

月の満ち欠けを利用して視覚化に取り組むことについてはすでに触れました。満月の直後に視覚化をはじめるとよいでしょう。1朔望月〔訳注：新月から次の新月までの期間〕の間、視覚化に取り組むことになりますが、そうすれば月が欠けている間に視覚化をはじめても、最良の結果を得ることができます。月が満ちていく間にだんだんとクライマックスに向かっていき、次の満月のときに完結するというわけです。そんな感じで行えばいいのです。

　さあ、もう創造的視覚化をはじめる用意はできましたね。リラックスしていますね。白い光に守られていますね。心に明確な目標を思い描き、その目標は達成できるのだということも理解していますね。

　目を閉じて、あなたの心の目で目標を見つめてみましょう。**目標を見つめ、その目標が達成されることを確信**しましょう。目標を見つめ、ただその目標が達成できればいいのに、という願望を持ったり、あるいはその目標が達成されつつある途中の状況を見つめたりするのはよくありません。目標を見つめ、その目標が達成されることを**確信**しましょう。もしそれがマイカーなら、それを運転している自分の姿を思い浮かべてみましょう。あなたの自宅の駐車場に置いてあるのを想像してみましょう。車を磨いている姿やガソリンを満タンにしている姿を思い浮かべてみましょう。車のキーをポケットに入れる姿を思い浮かべてみましょう。

　もしそれが仕事なら、実際に仕事をしている自分を想像してみましょう。単に仕事を見つけるだけではなく、すでに職場で働いている姿を想像するのです。もしそれが昇格なら、新しいポジションに就いている自分を思い浮かべてみましょう。自分だけのリアリティをつくり出すのです。しかも、最もポジティブな気持ちでそれをつくり出すのです。つねに最終結果——達成した目標——を見つめてリアリティをつくり出すわけです。

この視覚化を少なくとも10分間は続けてください。終わったらリラックスします。徐々に自分を周囲の環境に戻していき、あなたを取り囲む白い光の領域をゆっくりと消散させます。そのあとは、気分がすっきりしているでしょう。消耗したという感じはありません。

　創造的視覚化は毎日行いましょう。物事をポジティブに考え、我慢強くなりましょう。きっと目標を達成することができますよ。

レイモンド・バックランドの著作一覧

Advanced Candle Magic（Llewellyn, 1996）

Amazing Secrets of the Psychic World（Parker, 1975）
　　with Hereward Carrington

Anatomy of the Occult（Weiser, 1997）

The Book of African Divination（Inner Traditions, 1992）
　　with Kathleen Binger

Buckland's Complete Book of Witchcraft（Llewellyn, 1986, 2002）
　　――邦訳『バックランドのウイッチクラフト完全ガイド』（パンローリング、2016年）

Buckland Gypsies' Domino Divination Deck（Llewellyn, 1995）

Gardinal's Sin（Llewellyn, 1996）

Cards of Alchemy（Llewellyn, 2003）

Coin divination（Llewellyn, 1999）

Color Magick（Llewellyn, 1983, 2002）

The Committee（Llewellyn, 1993）

Doors to Other Worlds（Llewellyn, 1993）

The Fortune-Telling Book（Visible Ink Press, 2003）

Gypsy Dream Dictionary（Llewellyn, 1990, 1998）

Gypsy Witchcraft & Magic（Llewellyn, 1998）

Here Is the Occult（HC, 1974）

The Magic of Chant-O-Matics（Parker, 1978）

Mu Revealed（Warner Paperback Library, 1970）
　　under the pseudonym "Tony Earll"

A Pocket Guide to the Supernatural（Ace, 1969）

Ray Buckland's Magic Cauldron（Calde Press, 1995）

Scottish Witchcraft（Llewellyn, 1991）

Secrets of Gypsy Fortunetelling（Llewellyn, 1988）

Secrets of Gypsy Love Magic（Llewellyn, 1990）
　　——邦訳『ジプシーのラブ魔術』（国書刊行会、1995年）

Signs, Symbols & Omens（Llewellyn, 2003）

The Tree: Complete Book of Saxon Witchcraft（Weiser, 1974）
　　——邦訳『サクソンの魔女——樹の書』（国書刊行会、1995年）

The Truth About Spirit Communication（Llewellyn, 1995）

Wicca for Life（Citadel, 2001）

Wicca for One（Citadel, 2004）

The Witch Book（Visible Ink Press, 2002）

Witchcraft Ancient and Modern（HC, 1970）

Witchcraft from the Inside（Llewellyn, 1971, 1975, 1995）

Witchcraft ... The Religion（Buckland Museum, 1996）

［タロットカードとビデオ］

The Buckland Romani Tarot（Llewellyn, 2000）

Gypsy Fortunetelling Tarot Kit（Llewellyn, 1989, 1998）

Witchcraft ... Yesterday and Today（Llewellyn, 1990）

■著者紹介
レイモンド・バックランド（Raymond Buckland）
1934年、ロンドン生まれ。現代のウイッチクラフトの父とされるジェラルド・ガードナーのもとで、英国の伝統的なウイッチクラフトを学んだ。米国にウイッカを紹介したのは、彼である。20世紀におけるウイッチクラフト復興の中心人物として、60冊以上の著作を上梓し、ウイッチクラフト、魔法、超自然世界に関連したテーマで著したうちの何冊かは、ベストセラーになっている。また、米国中でセミナーやワークショップを行う一方で、米国内、海外を問わず、有名なテレビ番組、ラジオ番組にも登場している。邦訳本に『バックランドのウイッチクラフト完全ガイド』（パンローリング）がある。

■訳者紹介
塩野未佳（しおの・みか）
成城大学文芸学部ヨーロッパ文化学科卒業（フランス史専攻）。編集プロダクション、大手翻訳会社勤務の後、クレジットカード会社、証券会社などでの社内翻訳業務を経て、現在は英語・フランス語の翻訳業務に従事。経済・ビジネスを中心に幅広い分野を手掛けている。訳書に『狂気とバブル』『新賢明なる投資家　上・下』『株式インサイダー投資法』『アラビアのバフェット』『大逆張り時代の到来』『黒の株券』『悩めるトレーダーのためのメンタルコーチ術』『願いを叶える 魔法のハーブ事典』（パンローリング）など。

2016年10月3日 初版第1刷発行

フェニックスシリーズ㊶
キャンドル魔法 実践ガイド
──願いを叶えるシンプルで効果的な儀式

著　者　レイモンド・バックランド
訳　者　塩野未佳
発行者　後藤康徳
発行所　パンローリング株式会社
　　　　〒160-0023　東京都新宿区西新宿7-9-18-6F
　　　　TEL 03-5386-7391　FAX 03-5386-7393
　　　　http://www.panrolling.com/
　　　　E-mail　info@panrolling.com
装　丁　パンローリング装丁室
印刷・製本　株式会社シナノ

ISBN978-4-7759-4160-7
落丁・乱丁本はお取り替えします。
また、本書の全部、または一部を複写・複製・転訳載、および磁気・光記録媒体に入力することなどは、著作権法上の例外を除き禁じられています。

©Mika Shiono 2016　Printed in Japan